从新手到总监
FROM NOVICE TO DIRECTOR
行政管理者的职场进阶日志

胡郴龙　许烨　著

天津出版传媒集团
天津科学技术出版社

图书在版编目（CIP）数据

从新手到总监：行政管理者的职场进阶日志 / 胡梆龙，许烨著. -- 天津：天津科学技术出版社，2020.9（2022.8重印）
ISBN 978-7-5576-8330-6

Ⅰ.①从… Ⅱ.①胡… ②许… Ⅲ.①企业管理－行政管理 Ⅳ.①F272.9

中国版本图书馆CIP数据核字（2020）第115177号

从新手到总监：行政管理者的职场进阶日志
CONG XINSHOU DAO ZONGJIAN: XINGZHENG GUANLIZHE DE ZHICHANG JINJIE RIZHI

责任编辑：胡艳杰

出　版	天津出版传媒集团 天津科学技术出版社
地　址	天津市西康路35号
邮　编	300051
电　话	（022）23332695
网　址	www.tjkjcbs.com.cn
发　行	新华书店经销
印　刷	衡水翔利印刷有限公司

开本 710×1000　1/16　印张17　字数 200 000
2022年8月第1版第2次印刷
定价：45.00元

目录 CONTENTS

part 1 / 001 认识自己：
行政管理是值得托付的事业

做行政工作是"打杂"吗 / 002

行政管理者的工资差别体现在什么地方 / 007

每个优秀的行政管理者都是"圣斗士" / 010

行政管理工作体现的三大价值 / 013

行政管理的六大核心板块 / 015

"冰山模型"与行政人员的成长之路 / 017

话说设施管理（FM）对行政的价值 / 023

融合中提升，行政工作的三支柱体系发展 / 027

part 2 / 029 方向引领：
构建适合的行政管理体系

大中台、小前台——与时俱进的行政架构设计 / 030

如何搭建一个合适的企业行政管理体系 / 035

实用、规范、效能：建立和完善行政规章制度的铁三角 / 039

树立端到端的行政流程管理思路 / 041

如何做出"别人家"公司的行政信息化系统 / 047

借助 SMART 模型制订工作目标 / 050

基于 OGSM 计划性制订行政工作计划 / 054

part 3 / 057
夯实基础：
规范企业日常办公支持事务

印章虽小，管理风险却很大 / 058

规范证件和执照的使用和保管 / 061

从入门到专业，档案管理工作基本要求 / 063

不用分身乏术，轻松搞定来访、办公用品领用及快递管理 / 067

四个问题，帮助提升差旅及费用管理效率 / 072

全过程剖析大型会议策划与实施 / 077

part 4 / 083
提速增效：
做好企业采购与资产管理

手把手教你做好公司行政预算 / 084

三步走搞定行政预算管控 / 088

效率兼顾内控，行政采购体系的建立与运营 / 091

学会四步走，轻松管好行政供应商 / 098

抓住这几点，不再担心行政供应商交接 / 100

如何制定一个合适的固定资产管理指标 / 104

提高资产管理的效能和价值 / 107

多措并举助力企业实现降本增效 / 111

构筑行政采购与廉洁风险防控多道防线 / 115

part 5 / 117
办公无忧：
实现企业设施的全生命周期管理

皆大欢喜，三步搞定公司选址工作 / 118

人性化还是实用化，利用调研及需求数据来做空间规划管理 / 120

利用项目管理的思路做好办公室装修 / 128

抓住三大重点，让公司搬迁游刃有余 / 133

借力网格化思路做好企业办公区域管理 / 135

别让工位管理成为"定时炸弹" / 137

防出来和练出来的企业安全管理 / 141

不怕事，突发事件的行政应对之道 / 144

如何搞定大规模物业管理项目 / 150

老板丢给我一个科技产业园区，到底需要怎么管 / 153

part 6
157
满意提升：
推进 360° 员工文化福利活动

如何快速构思一个行政类活动 / 158

年会，一个行政人绕不开的话题 / 162

餐饮管理：要想让马儿跑，请让马儿吃得好 / 166

一站式用车、管车，用微信小程序快速搭建车辆运营体系 / 168

创业公司或小公司行政如何帮助增加员工的归属感 / 169

学会管理员工对行政服务和产品的期望值 / 172

构建服务体系，提高员工服务满意度 / 176

NPS 与客户满意度，哪个更适合对行政服务的评价 / 178

行政如何协助解决员工的后顾之忧 / 182

part 7
187
人生杠杆：
探寻行政人员进阶的方法与技巧

成长思维：管理水平升级，首先要练习思维升级 / 188

结构化思维，你最值得投入的思维方式 / 190

解决问题和填坑的能力，能帮你走得更快、更远 / 194

数字化管理让行政工作更有说服力 / 197

跨界成长，快速迭代，你 Get 到了吗 / 199

学会"混圈子"，扩大人脉资源 / 205

行政行业相关的资格证书 / 207

值得关注的专业提升渠道 / 210

如何高效利用海量行政参考资料 / 211

让行政事半功倍、快速进阶的工具软件 / 213

part 8 成长之路：
从专员到总监你必须具备的管理技能

从助理到主管，你需要这些知识和技能 / 218

主管升经理，你准备好了吗 / 224

当经理后，你需要掌握一些技能工作法 / 229

借助 SOP 管理摆脱繁杂日常事务 / 237

用简单清单应付复杂的管理 / 239

复盘学习帮忙更快提升 / 241

巧用 GROW 教练法提升下属战斗力 / 244

借助"福格行为模型"实现高效团队管理 / 247

学会向上管理，成为领导信任的帮手 / 249

统筹规划，是行政管理者的必修课 / 253

优秀的行政管理者无不是情绪掌控高手 / 256

后记：
行政职业发展的思考与探索

第 1 章

认识自己:
行政管理是值得托付的事业

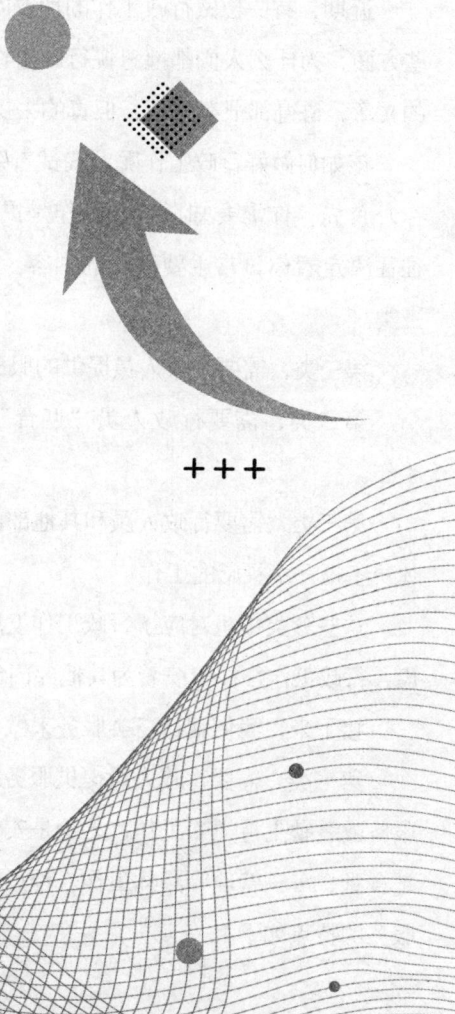

做行政工作是"打杂"吗

近期,有一位做行政工作的朋友问了我两个问题。第一,行政工作主要包含哪些方面,为什么人们都抱怨说行政工作就是打杂?第二,读了这么多专业人士撰写的文章,讲得都很有道理,但真的去操作时,为什么收效却甚微?

该如何做好行政工作呢?我试着结合以往的经验来做一个解答。

首先,你需要知道行政工作是提供什么服务的工种,因为提供什么样的服务往往决定着你日常主要工作的内容。简单来说,行政工作提供的服务可分为以下三类。

第一类,需要行政人员提供的服务,其对应的是日常的事务性工作。

第二类,需要行政人员"迎合"的服务,其对应的是很多带有项目性质的工作。

第三类,需要行政人员和其他部门员工共同创造的服务,其对应的是让公司全体员工提升幸福感的工作。

这些分类中也对应了行政工作发展的几个阶段。从沟通到执行,最后是全盘考虑,行政工作往往扮演着为其他部门创造幸福感的角色。

接下来,我们就这三类服务来做一个简单梳理。

第一类,需要行政人员提供服务的工作。通俗地说,你可以将其视为提供现场服务或后勤支持类的工作,无论是安保、保洁、付款、供应商管理、档案管理,还是食堂、车辆管理等具体工作,都可以归类为需要行政人员去满足的服务。这一类服务的特点如下。

（1）行政人员工作范围内的工作。

（2）满足公司伙伴基本需求的工作。

（3）保证办公室环境正常运转的工作。

（4）要行政部支出费用的工作。

通过这些需要行政人员去满足的服务，行政管理者可以借此在企业内确立基本的定位。这可以帮助你积累人脉，但无法给你足够多的竞争和发展。长此以往，很多行政从业者就迷失在了这些需要行政去满足的工作中，觉得自己丧失了核心竞争力。但在我看来，正是这些需要行政去满足的服务，为你的发展打下了人脉基础，建立了初步的互信，从而让你有机会去做一些需要行政去"迎合"的服务。

第二类，是进阶版本的——需要行政去"迎合"的工作。这里的"迎合"不是贬义词，而是一种积极争取的态度。

独立完成项目对于一个行政管理者来说，可以说是职业生涯的一个飞跃。需要行政去满足的服务，体现的是你的执行力。如何完成一个项目体现的就是你的协调能力、快速学习能力及事项落地的能力了。为了应对项目，你需要学习项目管理，理清重点，梳理节点，协调资源，沟通人际，以结果为导向推动各项事务，最终将项目落成。

通过项目，如果你能学习到全盘思考的能力，并能学到一定的管理学知识和人力资源管理方面的知识，那么恭喜你，你与经理的岗位要求已经不遥远了。下一步，你需要知道如何招聘和管理员工，或者说是优化组织结构，这样你就为进阶做好初步准备了。

第三类，就是提升满足感的工作。这类工作需要行政部门和其他部门共同去创造。我非常推崇行政BP（行政业务伙伴）的概念。行政部门作为一个服务部门，只有紧密贴近各需求部门，才能了解其他部门真实的需求，而不是永远说着好好服务，结果却令各部门不满意或不合适。

下面我们说另外一个重要的话题。你知道了路径，你了解了道理，但你就是不知道如何改变自己，那应该怎么做？

如今，生活在这个社会，要么你改变自己以适应不同的挑战，要么沉沦下去。

我下面借用罗伯特·凯根的观点来说明如何才能改变自己。

很多时候，我们最难改变的是自己。我之前接触的很多人都认为改变其实很简单：我们只要做与我们想要改变的行为相反的事就可以了。比如，如果我们拖延，那就想办法勤快一些；如果我们迟到，就起得早一点儿。

如果我们做不到这些，那就是意志力不足的表现，或者是方法不对。其实，从心理舒适区的角度来看，事情并没那么简单。有时候，不是因为你不知道方法，而是因为你已经发展了一套适合自己的适应机制，而改变却要求你放弃这套适应机制，去用另一套适应机制。

在这里，我推荐一个罗伯特·凯根发明的被称为四栏表的方法。通过这个方法，你可以了解阻止你改变的根本原因，从而让你有机会更好地改变。

凯根认为，就像人有一套生理免疫系统来排斥不属于身体的微生物一样，人的心理也有一套免疫系统，它会排斥我们采取新的行为方式，以此来维持心理结构的平衡和稳定。

为了了解心理免疫系统是如何阻止人们的自我改变的，罗伯特·凯根发明了四栏表。四栏表一共分成以下四个步骤。

（1）你的改变目标。
（2）你正在做的与改变相反的行为。
（3）这些相反的行为背后的好处。
（4）让这些好处成立的重大假设。

举个例子，尽管我以前想法挺多，但总是习惯去附和，话到嘴边也不知道如何说出口。久而久之，大家就不关心我的意见了。为了改变这个现状，我鼓励自己多发言，但效果不太显著。于是，我请朋友帮我一起用四栏表进行了分析。

第一步：我的改变目标。

一开始，我列了很多目标。比如，希望自己更开心，希望自己能多点创意，希望自己工资翻倍。但这些目标都不是心理免疫系统能识别的目标。需要注意的是，开心是情绪目标，更有创意是能力目标，挣更多钱是结果性目标。

凯根的理论认为，心理免疫系统的目标必须用行为来标识。所以，最终我写下的目标是：我要自信地表达自己。这里的表达，就是一种行为。

第二步：我正在进行与改变相反的行为。

（1）我习惯等别人先发言，然后跟着点头说"对对对"。

（2）如果我不认同别人的意见，也不会直说，而会选择沉默。

（3）因为不太敢大声说话，因此我的意见经常被忽视。

这些都是与目标相反的行为。我的目标不是更自信地发言吗，为什么我还要选择这些行为呢？通过分析，这些行为给当时的我带来了隐秘的好处。

第三步：这些相反的行为背后的好处。

如果想了解具体好处是什么的话，你可以尝试问自己一个问题：如果你不这样做，你担心将会发生的最糟糕的事情是什么？

我自问："我觉得，如果我选择不附和别人，而是自信地发表自己的意见，能预见的最糟糕的事情会是什么？"

我的回答是："我的担心是，如果我说出不同的意见，别人会对我有想法，我可能会被孤立。如果我说的不在点子上，别人会觉得我很傻。"

这样一来，我内心的想法就很明确了，我不愿意自信地表达自己的根本原因是为了避免和别人发生冲突，避免被别人排斥，同时也不想让别人觉得我很傻。

为什么我会这么担心？是什么让我把发表不同意见和被排斥画上等号的？是什么让我把说得不对和别人觉得我傻画上等号的呢？

第四步：心里有一个重大的假设。

这个假设隐藏在你不想要的行为背后，正是这个假设，让这些行为带来的所谓的"好处"成立了。

这个假设是：如果我发表不同意见，就会引发冲突。

这种假设当然不会是空穴来风，它与我们的生活经历有关。

比如，我的母亲比较强势。在日常的生活中，如果我发表了不同的意见，母亲的态度就会变得激烈。久而久之，我就将"如果发表不同意见就会引发冲突"这个焦虑情绪刻到了我的脑子里，变成了心理免疫系统的一部分。

说到这里，不知道大家是否能理解改变为什么很难发生了呢？因为，改变的愿望和不改变的动力之间，存在着严重的冲突。不改变的好处，相比改变带来的不确定性，诱惑实在太大了。基于心理舒适区的理论，那还是不改变更好。

那么，知道了原因，我们要如何改变呢？

首先，你要知道你的问题在哪里，然后，反问自己："如果你改变了，你能获得什么？"这么做可以让自己有个明确的数据对比。在中国，很多人的社会同一性是基于社会认同的，他们往往将他人的看法看得特别重。

想通了这一点，你就应该明白公事归公事，私事归私事，在公事上，基于正当的理由，你可以去支持任何人。你也可以凭着正当的理由去拒绝任何人。对于行政管理人员来说，"和气生财"是个谬误，容易承担连带责任才是真理。

其次，要以一个小目标的形式去完成你的改变。你如果就想通了，从一个不敢沟通的人变成一个敢于表达自己的人，那是不现实的。往往目标越大，给你的压力就越大，你的驱动力就越弱。因此，你应该将大目标分解为小目标。

比如，你可以尝试着将本周的目标这样制订，每天找三个人聊五分钟以上、在本周的会议上发言一次等。

最后，要做记录。这点很重要。因为只有这样做，你才能看到具体的进步，才能给自己一个正面的反馈。

行政管理者的工资差别体现在什么地方

我们和周边的从业人员经常会聊到一个话题：一个工资低的行政人员和一个工资高的行政人员的差别在哪里？

差别在于做事情的能力不足吗？这两者之间虽然有一定关系，但不一定是根本的原因。

是做事情的细致程度不够吗？从男女从业的比例来说，这点似乎也不成立。

是平台的关系吗？有一定影响，但从BAT（百度、腾讯、阿里巴巴）出来的人不一定能适应外部的环境，因此平台对人的影响也十分有限。

那差别到底是什么呢？是思路。那么，为什么是思路呢？

从企业战略来看，企业的发展依赖三个因素：人、财、物。对于行政而言，我们的定位如下。

（1）做好"物"这个关键因素的管理工作。

（2）协助其他部门做好"人"的支援工作。

（3）做好"财"的开源节流。

行政工作的这些属性，本质上是为企业战略能够落地而存在的。

在企业战略下，行政工作者要从资源管理的角度，帮助业务梳理将来需要什么样的资源。为了做好充分的准备，在现阶段需要做哪些准备，甚至提前做好相应的规划。

其实，行政管理工作是有阶段的。那么，各个阶段的行政人员分别在做什么？

谈到行政的阶段，我们先从行政新人说起，大部分的行政人员都经历过这个阶段。

作为新人，这个阶段的工作特点是：门槛低、事务杂。

从实操来看，行政的入门门槛不高，基本上谁都可以做。在这个阶段的行政从业者，每天可能都忙于琐碎的工作，小到预订会议室或者给团建活动踩点之类的工作，工作内容基本上很难体现自己的专业价值。那么，新人应该如何才能快速进阶到下一个阶段呢？

最主要的是认真对待每一件事，哪怕是小事，也要把小事做的超越老板预期。这样当老板对你建立了信任后，才会安排更有挑战性的任务给你。本质上，老板肯定也想让手下做更多有价值回报的工作，因为你如果能为老板承担的事务越多，老板就越有更多的时间思考更"高级"的东西。你如果能为老板省心、省力，就能得到更好的锻炼机会并体现自己的专业性。这个阶段切勿眼高手低。总之，要积累信任，积累专业知识，从而为进阶做准备。

越过新人阶段，你就进入下一个阶段了，这时你可能有机会去独当一面了。在这个阶段，你在上一个阶段积累的专业就有了用武之地。你开始真正体会到作为一个行政从业者的乐趣，组织内的领导信任你，行业内的关键意见领袖你能如数家珍。这个阶段的你需要把每年该做的项目完成，培养自己对业务的敏感度，并开始尝试自己出方案，甚至还可以尝试用行政BP的思路来做点具体的事情。另外你还需要继续累积专业知识和技能、熟悉行政各模块的项目、试着深入业务、学会如何调动资源。能做到这一步，在大部分公司做个主管是没大问题的。如果你的基础更坚实的话，那么后面的跃升就会更快、更容易。

过了这个阶段，你就开始要接触管理了。一方面，你可能需要开始支持更大规模的团队，对接的业务领导的级别更高；另一方面，你还需要再带几个稍微低阶一点的伙伴。你支持的业务形态也更复杂，挑战度也更高。这个时候你发现你不但要面对例行项目了，更多的还要深入各项业务，提供适合业务的解决方案。在业绩压力下，你还要学会关注你带的几个伙伴的成长，通过赋能团队来提升团队战斗力并让伙伴成长。

这个阶段，对行政人员的要求就更高、更复杂了，既要在行政领域进一步精进——文能做行政BP，武能兼职做COE。自己形成了一些工作的方法论并开始能带着团队独立操盘了；又要进一步融入业务——知道业务当年和未来3~5年的目标、挑战、所需的资源与现状存在的差距。

这个阶段最容易出现的问题是，工作做成了传声筒，跟着业务的指挥棒走，丧失了自己的判断力和立场。这样，最终一定不利于你的成长，也无法再使你进一步提升，因为你就是个组织内的齿轮而已。

经过努力再加上一点点的运气，大部分的从业者都能达到以上三个阶段。做到第三个阶段基本可以在一个大中型组织内做经理或者高级经理的位置了，运气好的话，或许在中型企业还能做到总监的位置。

但是，能否成为真正的高手，还取决于你自己的定位和工作方法。有些人力资源工作者转行政的典型代表认为，行政包含四个工作方向：业务赋能、助力文化、团队赋能和资源赋能。到了这里，行政工作不再是简单地组织一些活动、调整一下行政资源体系之类的活了。

这时的行政人员要对团队文化有深刻的认知，想通行政如何助力文化在组织里变成信仰。

这时的行政人员要对组织业务有独到的见解，思考如何通过行政的工作助力业务，提升效率，进而最大程度地激发潜能。

这时的行政人员要对组织内外人员有更深刻的洞察，学会针对不同人有不同的沟通策略、反馈策略和方案策略。

这时的行政人员要对业务有更深刻的认知，能够通过业务本身帮助成长，与业务领导平等对话。

可能只有做到这些，你才能成为一个优秀的行政人员，才能真正陪伴业务成长。

可以说，行政进阶的唯一途径就是让自己不断地进化和成长。

每个优秀的行政管理者都是"圣斗士"

熟悉圣斗士的朋友都知道,圣斗士不怕苦、不怕累、不怕失败,不断努力升级,最终保卫了纱织、圣域及人间的正能量事迹。这个过程是不是和我们行政管理也很类似呢?

我们做行政管理离不开团队管理,离不开执行力,更加要避免给团队拖后腿。在这些方面圣斗士能给我们什么启示呢?

首先,在团队管理方面,不知道大家是否发现在圣斗士里出现的圣域、海皇及冥王篇里面的几位BOSS(老板),其实对应了三种不同的管理风格。

圣域属于投资型平台公司,雅典娜是挂名的董事长,平时不管事,教皇是CEO。董事长成立了这个组织后,出于对CEO的信任,在进行授权后,平时就不管事了。因为架构的关系,这个组织内除了董事长外也没有任何对CEO的制约措施。

同时,整个组织结构也属于项目制,黄金(核心管理层)、白银(中间管理及执行层)和青铜(一线执行层)间没有明确的上下级关系。尤其对一个组织特别重要的中层机构完全属于空白的,全部听命于CEO。在这种情况下,这个公司能不能做好全靠CEO自觉了。

在这样的公司内,抱大腿可能就很重要了。在剧情内,死得最快的都是为了正义的,冲上去喊着为了纱织小姐的都活了下来。

当然纱织小姐的管理手段也很强,各种激励等措施实施之后,很快就让五小强和一群圣斗士归心了。

海皇就是标准的私企,海皇特别强势,设立了三条互不干涉的业务线,另外还有四家子公司各自运营。但海皇在长期掌权后,居然让一个外来的黄金圣斗士成了

第1章 认识自己：行政管理是值得托付的事业

CEO，导致海皇被架空，看似稳固的互不干涉的业务线反而成了加隆架空董事长的帮手。

在这样的公司怎么办呢？看不穿的情况下，只能做好自己手头的事情，管好自己可能是更明智的选择。

最后就是对比以上两家，在管理体系上做得最好的冥界了。董事长哈迪斯，监事会死神和睡神，CEO潘多拉，下设三条业务线，业务线领导各自管着一帮人，又同时对CEO负责。看上去架构很合理吧。

但仔细看，CEO有自己的想法，业务线领导敢于越级汇报，监事会长期不在公司，董事长还会偶尔决策失误。

不过从整体剧情来看，冥界的员工在统一的价值观的影响下都能为了维护公司利益而努力，但过程中会互相猜忌、争斗，还敢为了维护公司利益对董事长的行为进行私下调整。

接着我们来看执行力。团队的执行力是管理者的重要管理项目。

看黄金圣斗士在黄金十二宫的执行力，各自为政，在高管（教皇）已下达明确指令的情况下，每个人的执行都与指令出现了偏差，有送装备的白羊座，有送经验的公牛座，有陪练的狮子座，也有找台阶就给下的处女座。真正遵从指令的只有两个（巨蟹座及双鱼座）。那么，这里的问题是什么呢？

然后，就是圣斗士海皇篇，在管理层（雅典娜纱织小姐）被困无法下达指令的时候，黄金圣斗士们就算能力再强，对手再弱，都没有发挥主观能动性去主动处理这次危机。那么，这里的问题是什么呢？

其实，我们说到优秀的行政管理者都是"圣斗士"，其实就是希望我们一方面学习圣斗士的人格魅力，学习他们坚强不屈、奋不顾身的精神，另一方面也是要吸取他们在管理上的教训。

具体来说，撒加的失败给我们留下了以下几个教训。

（1）对下属缺乏有效管理，导致团队离心、离德。

（2）缺乏对团队价值观的教育，导致大家没有形成合力。

（3）缺乏对团队内核心人员性格的把控，把错误的人放在错误的位置上。比如说白羊座。

（4）不掌握员工的思想动态，对其工作意愿了解不足。比如，白羊宫，你把穆先生调走都比放在白羊宫送装备合适。

（5）不注重对员工疑惑的解答，不去争取摇摆资源。比如，金牛座，居然被五小强给说动了。

（6）一个做核心战略岗位的高管，如果还要做各种琐碎的具体业务，很可能两头都做不好。人的精力终究是有限的，倘若两手抓，可能最终两手空。

（7）只考虑短期目标，而不注重长期管理。最明显的就是对狮子座进行精神控制，使得星矢激发小艾的小宇宙，难关被瞬间通过。

（8）对实力卓绝的成员缺乏管理，放任自由。比如，对处女座，不敢管，也不知道如何管。类似这样的成员，使用赋权赋责的措施远比直接管理的效果要好。

（9）不注重裙带关系的管理，不设立回避机制。比如，天秤座、水瓶座，不但是送装备、送经验，还让五小强好好休整了一番。

（10）凡是急着表忠心、无条件追随管理者指示和理念的人，往往都是团队中实际能力最差的人。比如，巨蟹座和双鱼座，他们因为能力不足，就只能用忠诚来弥补，才能获得在团队内的生存空间。而管理者如果对这类情况认识不足，往往会事倍功半。

做管理是一门艺术，大家心里都有一个标准，也希望看到别人的标准。为什么说每个优秀的行政管理者都是"圣斗士"呢？因为在圣斗士内，我们可以学到很多的管理教训，从而避免犯错。

行政管理工作体现的三大价值

行政工作到底有没有出路,有没有前途呢?行政管理工作的价值何在?在我看来,行政管理工作的价值至少包括以下几个方面。

1. 行政管理在企业运营过程中不可或缺

正所谓存在即价值,如果行政工作可有可无,必然会淹没在企业演变发展的历史长河中。

正所谓"兵马未动,粮草先行。"企业要想在市场竞争中攻城略地,必然要有坚实的后勤保障和文化建设做支撑。

2. 基于服务利润链模型,员工满意度是企业利润的重要决定因素

服务利润链是表明利润、顾客、员工、企业四者之间关系并由若干链环组成的链。它是1994年由詹姆斯·赫斯克特等五位哈佛商学院教授组成的服务管理课题组提出的"服务价值链"模型时提出的。

服务利润链模型(Service Profit Chain)告诉我们:利润是由客户的忠诚度决定的,忠诚的客户(大多是老客户)给企业带来超常的利润空间。而客户忠诚度来自客户满意度,企业提供的服务价值(服务内容加过程)决定了客户满意度。

最后,企业内部员工的满意度和忠诚度决定了服务价值,而内部员工的满意度大部分是由行政管理工作提供的。

简而言之,客户的满意度最终在很大程度上是由员工的满意度(即行政工作)决定的。

3. 行政工作可有效地助力企业文化与品牌传播

听闻某互联网公司的堂食使用的是全中国最安全的猪肉，CVTE（视源股份）为员工提供五星级餐饮，很多人甚至就是被该公司的美食诱惑而选择去面试的。

由此可见，行政工作不仅仅是为员工提供后勤保障，同时还可以成为公司一张独特的名片。

第1章 认识自己：行政管理是值得托付的事业

行政管理的六大核心板块

行政管理工作内容繁杂，为了方便大家能更好地认识和了解行政工作，下面以企业生命周期发展的时间顺序为主线进行梳理。

（1）行政办公支持主要包括证照章管理、资质管理、档案管理、分支机构管理、差旅管理等。具体来说，该模块主要内容如下。

①公司注册、年检、注销等；营业执照、印章的管理及使用；资质证书申请和使用管理等；档案室场地的选择与建设、档案的借阅与管理要求等。

②总部与分支结构管理规则制定、流程与沟通机制等；公司的差旅机票、协议酒店等供应商的选择、员工日常订票的服务及报账协助等。

③访客来访及接待管理、会议室预定、电视电话会议服务、快递收发等。

④门禁及考勤的管理、办公用品（如办公文具、办公设备等）的领用与发放、文印服务（打印、复印、扫描）等。

（2）办公空间管理主要包括空间选址、场地租赁、办公规划、装修与装饰、空间分配、工位管理等。具体来说，该模块的主要工作内容如下。

①办公场地需求梳理与分析、场地选址与决策、场地租赁合同签订等。

②场地规划、场地设计、业务部门需求沟通与确认、装修过程及费用监控、家具及配套办公设备采购、工程验收及结算等。

③场地空气治理及监测、搬迁（包括内部搬迁及公司整体搬迁等）、工位分配及管理（包括工位需求管理、分配方案、动态监控）等。

（3）采购资产管理主要包括预算管理、采购管理、固定资产管理、低值易耗品管理、供应商管理等。具体来说，其工作的主要内容如下。

①行政预算申报(包括必要性分析、业务量分析、单位成本对比等)及费用管控(预算完成率、使用均衡性、动态回收及考核等),降本增效方案制订等。

②行政类服务及产品的需求梳理、采购方案制订(定向采购、简易比价、公开招标等)、参与或主导采购过程、供应商入场、服务合同监控、供应商考核及结算、供应商退出等。

③固定资产的采购、收货、验收、入库、出库、调配、日常巡检、年度盘点、处置报废等,低值易耗品的采购、领用及监控管理等。

(4)物业与设施管理主要包括物业管理、设施管理、安全管理、外联与公共关系管理、信息化管理等。具体来说,其工作的主要内容如下。

①环境管理、客户服务管理、设施管理等。

②人、车、物不同场景下的进出管理,消防和技防系统(包括视频、门禁、周界入侵、车牌识别等)的维护及使用管理,安全评估、安全检查及隐患治理、应急预案及演练等。

③与政府部门及相关单位保持良好的沟通及关系的维护,如派出所、消防部门、属地街道办事处等。

(5)文化福利活动管理主要包括企业文化建设、餐饮管理、车辆管理、宿舍管理、健康管理、活动策划与实施等。具体来说,其主要内容如下。

①文化福利类活动策划与实施,包括年会、节庆日活动、公司纪念日等相关活动的策划及组织活动,场地租赁及舞台搭建等。

②员工福利类场所及活动运营,包括餐厅、班车、宿舍、咖啡厅、超市、美发、医疗、图书馆等。

(6)体系制度管理主要包括体系建设、制度管理、流程管理、计划管理、目标管理等。具体来说,其主要内容如下。

①行政管理体系梳理及建设,为行政工作开展提供指引方向。

②行政相关制度和流程建设及优化,包括访客管理流程、差旅管理规定、办公用品申领流程等。

③行政工作规划、年度工作计划及总结制订、行政工作目标管理等。

"冰山模型"与行政人员的成长之路

许多从事行政、人力资源管理、采购、产品设计、技术方面的80后朋友都在聊"中年危机",这让我非常诧异。作为快40岁的人,我却一点儿也没这种感觉。为什么他们会有这样的感觉呢?

近期,我与一些从事行政及人力资源管理的大咖进行了一下探讨,或许用"冰山模型"能更好地解释这种现象,并结合我们行政工作的实际,试着说明一下行政人员的晋升通道问题。

为了更好地说清楚相关内容,我将从下面三个方面进行分析。

- 什么是冰山模型?
- 冰山模型能带给我们什么样的价值体现?
- 结合冰山模型,行政人员如何找到晋升点呢?

首先,什么是冰山模型。但凡看过岗位职责描述或参加过面试的行政人员多少都会注意到一些岗位对学历,甚至对学校都有要求。一些岗位不光对学历和学校有要求,还对上家单位有要求。有些岗位职位描述里面还要求对性格进行描述,某些大公司面试的时候,还要做测试题。那么,列这些条件和测试的目的是什么呢?表面上看,是设置门槛,实际上这就是对冰山模型的一种应用。

如果我们从冰山模型的角度来看,个人的价值主要体现在以下三个层面上。

第一个层面(海面上的冰山):知识和技能。比如,你现在做Excel的数据分析,分析用的方法是知识,会使用Excel就是技能。知识和技能的特点如下。

（1）后天可以习得。

（2）对外可以通过展示显示出来。

（3）知识和技能需要不断学习，否则淘汰速度非常快。

第二个层面（海面下的冰山）：能力。能力的范围非常宽泛，将技能内化了就可以算是你的能力。但也有一些先天和后天结合的例子，如学习能力、逻辑能力、意志力、人际交往能力等。能力的特点如下。

（1）能力的来源很广泛，可以是先天的，也可以是后天内化的。

（2）能力相对隐性，比如，这句俗语："聪明面孔笨肚肠"，就非常形象地概括了学习能力的隐性特点。

（3）能力的高低往往要通过仔细观察才能得出相对正确的判断。

（4）一旦一项技能内化为能力后，就会变成类似于本能的东西，其具有长期稳定性的特点，如游泳。在大部分情况下，如果你学会了游泳，就算你一段时间不游，一旦下水还是能很快掌握要领的。

（5）能力往往是通用的、可以迁移的。能力强的人往往技术一流、管理一流，底层逻辑就是能力是相通的、可以迁移的。

第三个层面（靠近海底的冰山）：包括天赋、价值观、性格特质、动机等。

（1）天赋。比如，如果你天生对色彩敏感，那你去做画家、设计师等就比其他人有优势，这就是你的天赋。

（2）价值观。比如，你和孩子出门看到乞丐，你会对孩子说"要认真读书，要不然长大会像那个乞丐一个样"，还是说"要认真读书，将来才有能力帮助乞丐这样的弱势群体"，这体现的就是价值观的不同了。

（3）性格特质。比如，如果你是个外向性格的人，那你做一些服务性的工作就可能比内向性格的人有优势。

（4）动机。动机是一种心理状态，用来决定个人的行为。主要的动机有成就动机、交往动机、权利动机等。如果你是个权力动机的人（典型的例子是乔布斯），那你做领导会让你更快乐，如果你是个成就动机的人（典型的例子是马云），那你选择类似咨询之类的工作则更加适合。

说了这么多，冰山模型中到底有哪些可变量和不可变量呢？

首先，冰山模型指的是内部因素，但在日常生活中还有一个对我们有重要影响的外部因素需要考虑。

所谓外部因素，通俗来说就是出生、选择及运气。

（1）出生是不可变量。你的出生事实上决定了你的高度，但不绝对，因为还有选择、运气等，让你有概率跃升阶层。

（2）选择是可变量。小学考初中是一次选择，初中考高中是一次选择，高中考大学是一次选择，大学结束是选择就业还是考研还是一次选择。人们在这样的一次次选择中走向了不同的方向。当然选择也是随机性最大的东西。如果在十年前，选择投资腾讯的股票，现在绝对赚翻了吧，就算用这笔钱去买房现在也基本实现财务自由了。

（3）运气是可变量。同样是买彩票，有人中奖，有人没中奖，可见运气在其中起到的作用是不言而喻的。

说完了外部因素，那我们再来说说冰山模型的内部因素吧。

（1）知识和技能是可变量。知识和技能都可以通过"学习"这个途径或手段来获得。但你的知识和技能很大程度上和你的能力和天赋挂钩。举个简单的例子，你让鱼去学爬树，怎么样也比不过猴子吧。同样的道理，你让猴子学潜水，再怎么样也比不过鱼。

（2）能力是可变量。技能的内化可以给你带来新的能力，同时对现有能力的刻意练习及组合，也可以给你带来新的能力。

（3）天赋是可变量与不可变量的综合体。说它是不可变量，是因为你的天赋在出生的时候就已经决定了。说它是可变量，是说天赋也是可以挖掘的。比如，你原本不知道自己能做主持人，结果一上台惊艳了全场。

（4）价值观、性格特质和动机是可变量。这些基于心理的因素是可以随着实际情况的变化而发生改变的。

最后，我们来分享一下冰山模型吧。

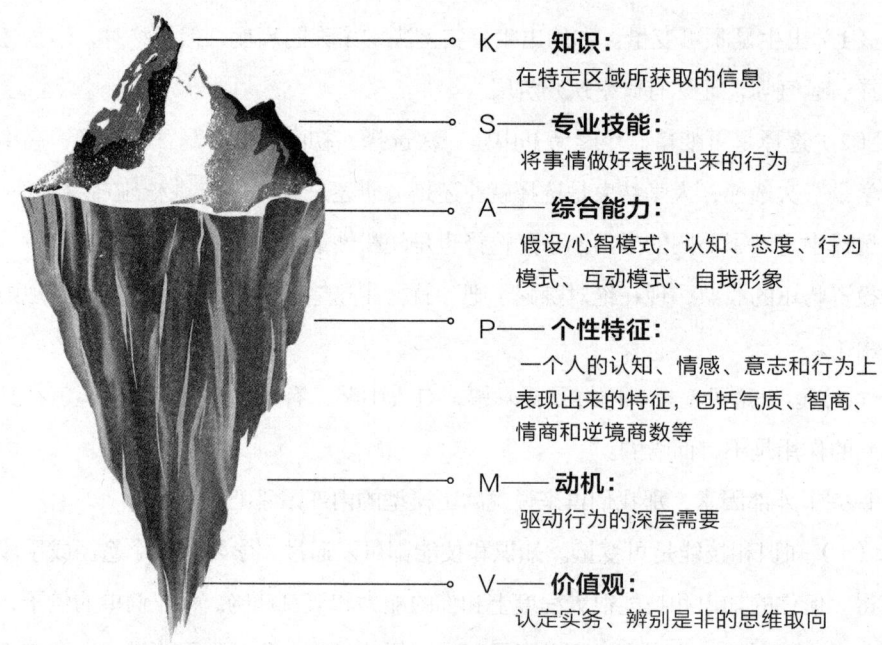

图1-1 冰山模型图

总的来说，利用冰山模型能帮我们理清个人价值的体现方式。

（1）物质型。这个类型的价值取向在于其定位于最大限度地对物质利益的追求上。比如，在选择工作的时候，你首先考虑的是工资水平。比如，同样的情况下，A公司给2万，B公司给2.5万，那大部分人就会毫不犹豫地选择B了。但不会考虑这是否与自己的能力对称，很容易出现到一定工资水平后很难再提升的情况。这个类型的特点在于低投入、高风险与高可替代性。

（2）技能型。这个类型其实类似知识型，但其特点是做重复性的工作。比如，初级技工可能是技能型，中级技工可能是知识型，高级技工就是能力型了。大家有没有感觉到，行政的晋升过程往往是从技能型走上知识型，在天赋、运气及选择的支撑下走上能力型道路的呢？初级技能型的人，往往在工作中使用的技能有明显的瓶颈，其拥有投入低、回报低、风险低与可替代性高的本质。掌握稀缺性技能的人与掌握通用型技能的人其实存在很大的工资差异,正如会做数据分析的人难找,会用Excel的人一抓一大把。这个就是下面要说的能力型和技能型的区别了。

（3）知识型。这个类型的典型价值取向在于坚信靠知识能赚钱。特点在于投入低、回报低与高可替代性。

（4）能力型。这个类型属于稀缺性,你既可以将行业的大咖、专家、学者称为能力型,也可以将高附加值工作的人称为能力型。论做PPT的创意,一定是总监厉害,但说到做个精美的PPT大概率是员工好。那他们的价值差异在哪里呢?还是在具体的能力上有差别。

（5）天赋型。这是最稀缺的类型,但也和外部因素息息相关。一个成功的人,其成功的原因中有很大一部分是冰山下的因素导致的,其中的天赋、价值观、性格特质及动机的影响因素占了六成。

从冰山模型的角度看,对我们最优的选择是提升能力和发掘天赋了。我们的目标也应该是从技能型提升为知识型,并最终达到能力型。

但在实际工作中,为什么很多人做不到这样的跃升,反而沉迷在基础的学知识和练技能上,不可自拔呢?究其原因,能力分为先天能力和后天内化的能力。至于先天的能力,我们无法改变,而后天的能力需要刻意练习相关技能才能内化为具体的能力。同样的,发掘天赋也是一个不断试错和挑战自己极限的过程。

那么,应该如何使用冰山模型来帮助自己呢?

对于行政这份工作来说,需要考虑好的平台和好的成长空间。那么,我们需要如何做呢?

（1）了解自己所处的社会大环境。企业的发展离不开社会的需要,因此,要了解社会需要什么样的企业,企业需要什么样的人才。

随着人工智能等科技的发展,单纯的知识型和技能型的价值体现方式,很容易被取代,后续是能力型价值体现方式最好的发展时机。

（2）分析发展前景较好的行业。国内的行业大致可以分为三类:支柱型行业、专业型行业和新兴行业。

支柱型行业是否有发展前景,主要看国内的发展战略。我们可以通过调查新闻来了解,当然大部分支柱型行业的领导属于不求有功、但求无过的类型,更加适合知识型与技能型价值体现方式的行政人员。

专业型行业主要为一些专业类企业，适合能力型价值体现方式的行政人员，以往这类企业是通过工作年限将技能转化为能力。但随着互联网企业的发展，金融、银行、咨询公司等功能型企业都选择了转型。在这个时候，你的旧能力如果不能及时迁移，就很容易被淘汰。

新兴行业是近些年来随着科技和需求而产生的行业，各类互联网行业都属于这类。但其好坏难定，而且未来发展很难判断。

通过对行业的认识，可以大致让自己明确一下往哪个行业去发展。

（3）通过盘点知识、技能和能力选择合适自己的岗位。首先，要明确自己是想走知识型还是走技能型，是走物质型还是走能力型。如果你是天赋型，那就不在讨论的范围内了。

明确了个人价值的体现方式后，就可以通过以下五步来投递自己喜欢的岗位了。

第一步：列出你觉得前景比较好的行业，在其中排除你不感兴趣的企业。

第二步：在选定的范围内，寻找你喜欢的岗位。

第三步：盘点你的知识、技能及其他能力，然后排除掉和你的知识、技能及其他能力不匹配的岗位。

第四步：根据岗位职责描述，优化自己的简历，突出自己匹配这个岗位的知识、技能及其他能力。

第五步：投递简历，并定时复盘调整简历。

（4）通过加强动机管理让自己更匹配岗位及具备竞争力。

在上面我们已经分享了三种动机，这三种动机没有对错和好坏之分，但不同的动机能帮你适用不同的岗位。

（5）练习通过岗位职责描述来判断自己的岗位匹配度。

参考对冰山模型的说明，我们就可以将岗位职责描述内的知识或技能、能力及价值观等梳理出来，针对自己盘点的知识、技能、能力及价值观等进行匹配，从而做有针对性的提升。

冰山模型有利于看清楚自己与期望的岗位之间的差距，从而有意识地去追赶。但光看冰山模型是无法让自己晋升的，关键还是要努力加强练习。

话说设施管理（FM）对行政的价值

有位朋友（以下简称小A）曾和我聊过由行政转型设施管理（FM）的话题，由此引发了我关于FM对行政价值的思考。

一、梦想与现实的差距

很多行政人觉得自己管过现场，因此转FM岗位很容易。事实真的是这样吗？现在我们就从JD（职位描述）出发，分析一下差距吧。

首先来介绍一下小A的基本情况。

姓名：小A，年龄：38岁，目前职级：行政经理，工作经验：10年+，所处行业：互联网技术类企业，公司规模：2000人，服务面积：1.9万平方米，部门人数：15人，外包人数：12人。

表1-1 小A实际能力与JD要求匹配表

JD要求（满分10分）	小A的能力及评分
负责推动所有设施相关活动的一致性和质量以及实现SPOC（思博伦概念验证实验室）的硬服务和软服务	从未接触过具体的设施设备管理。不知道SPOC是什么，3分
在服务提供的各个方面努力追求卓越，并监督供应商的表现	10分
确保客户关键站点的最佳实践的一致性	每年的满意度都在9以上，8分

(续表)

JD要求（满分10分）	小A的能力及评分
主持每月与客户和相关办公室经理的进度审查和用户需求调整会议	10分
与客户一起进行年度绩效和KPI（关键业绩指标）考核	10分
作为服务请求的主要联系人设施的请求，并在考虑到特殊服务的情况下解决问题	缺乏设施设备管理的专业知识，5分
与客户、第三方供应商和公众协调特别活动	活动经验丰富，10分
协助实施、更新/跟踪和质量控制最佳实践体系	质量控制体系没有深入接触过，5分
监督设施服务的交付和执行，包括清洁、年度维护合同（机电消防系统和关键服务、饮水机、咖啡机、自动售货机）、办公室维修、控制、员工餐等	好长时间没做这么具体的事情了，但还是能做做，7分
协助处理关键的下班时间问题，参与关键团队成员应对紧急情况	风控和预案最在行，8分
发展和培养与内部/外部客户和设施员工的良好关系	人际关系一流，10分
至少10年以上大型物业管理经验，至少6年以上管理经验	这个勉强可以，8分
持有设施管理/物业管理学位或同等学力	不是这个行业的，但我有经验，6分
有很强的领导能力，积极主动，以客户为中心	这个就是说自己，8分
有人员管理经验，特别是分散的办公区	目前负责一个区域，比较缺少管理零碎办公区的经验，5分

拿出表格来一对比，我们就知道小A与这个岗位的差异度在哪里了。要知道这

个是CBRE（世邦魏理仕）在北京的一个FM经理的岗位技能，小A这位比较资深的行政人在核心的能力上其实缺失挺严重的。

简单理解，FM就是和中文翻译一样，即设施设备管理，主要的工作和价值所在就是通过使用各类设备管理系统来科学地管理设备，从而让设备在日常运营中，少出故障，日常保养得宜，帮企业省下一大笔开支。同时也要兼顾空间管理的功能，通过数据分析及业务模型分析，合理地提高空间利用率，从而再帮企业节约开支。

二、空谈还是未来，关于FM的本土化道路

说起FM的本土化，我们不得不说一个概念：FM的全生命管理。所谓FM全生命周期管理，指的是从最开始的日常设备监控，到中间的设备出现故障需要及时报修，再到修理后对设备的数据分析以方便后期的故障预警。通过这样一个完整的流程就会降低设备的损坏率，从而降低成本，获得更大利润。

我第一次听到全生命周期的这个概念时，就觉得特别有道理，也很"高大上"。但在实际操作和交流中，我发现在落地这个全生命周期管理的时候难度特别大。一方面，国外的规范和标准拿到国内很难适应快速变化的运营环境。另一方面，国内强调效能的工作方法，也是国外强调规范的标准很难适应的。

举个简单的例子，同样是算工作面积，国内企业基本会按照企业实际情况，先做分类。比如，自有物业或租赁物业、生产型空间或研发型空间、办公空间或配套空间等。然后，再算有效工作面积作为算坪效的基准。

那么，如果是国际标准呢？大家可以去查一下国际建筑业主与管理者协会（BOMA）的标准，就知道是否适合国内了。

可能会有人说，我们用ARCHIBUS（一家知名的FM解决方案及咨询服务供应商）的软件算的坪效，这是否准确呢？软件算出来的当然准确，但数据的录入是否正确呢？越是高端的软件，越是对数据的正确性比较敏感。如果你一开始的数据就不正确，甚至是为了数据而数据，为了展示而展示，那这个软件用了有啥意义呢？

正如第一部分的现实所说的，设施设备管理的核心有两点，一是设备管理，二是空间管理。

首先，设备管理在大部分的行政人员看来属于物业范畴，实际很难接触到，即便真的考个IFMA（国际设施管理协会）的证书出来，也没有实践机会。在这样快速迭代的时代，如果你不投入实践，相关的知识在三个月左右就开始过期了。其次是空间管理，在中国占多数的是中小企业，这类企业对空间管理有需求吗？大概率是没有的吧，那对于行政工作而言，FM真的有用吗？

由于设备管理受所处环境限制，它决定不了自己的命运，而是被别人所决定，如经营管理。FM这个概念是从欧美传过来的，我们都知道业务离不开经济。在西方经济管理上，管理是由三大支柱建立的：目标、时间、成本。所有西方的管理理论的核心，都是由这三点组成的。

在管理学的历史上，欧洲的研究者往往善于理论研究，日本则善于偏重实践，美国最大的贡献是善于基于标准化的研究。我国则善于融合各家所长，核心就在于寻找更适合我们实操的管理理论，然后用我们自己的方式去实践，通过实践再逐步理论化。

三、FM对行政的价值

FM对行政的价值更多地体现在以下三个方面。

（1）有个前进的方向。其实很多行政从业者学东西特别盲目，感觉什么好就去学什么，甚至还有学Python的，但大部分都是学了一些皮毛。FM作为一门体系规范的学科，里面的知识体系严谨，各类学习材料充足，还有各路大咖引路，更有国外的各类资料可以参考。因此，你完全可以作为一个方向进行体系化的学习。同时，由于大量的资料是英文的，它还能提高你的英文水平。

（2）适合体现行政的专业性。不管你未来做不做FM，掌握FM的大量专业名词，还是很能给你加分的，尤其在做关于述职报告的PPT时。

（3）作为敲门砖。FM这个行当，很不客气地说，十年前的大咖还是现在的大咖。里面顶尖人才更新特别慢，是难得的越老越吃香的行业。如果你想进入这个圈子，多参加活动和分享，是个结识大咖的好机会，说不定就遇上贵人呢！

融合中提升,行政工作的三支柱体系发展

行政工作的三支柱体系源自对人力三支柱体系的借鉴。行政三支柱体系就是SSC+BP+COE(SSC:共享服务中心,BP:业务伙伴,COE:业务专家)。

(1)SSC的概念,其实起源于财务的共享服务理念,行政借鉴了财务的共享服务理念发展出了SSC。行政随着业务的分化,自然地人们将简单的、重复的、对行政核心业务影响较小的非创造性工作整合到了SSC里了。

(2)BP这个概念的实操第一次在阿里巴巴以"政委"的形式落地了。其到目前为止的核心理念就是,从战术的角度看,在B2B部门的一线销售团队中派出既懂业务又代表公司政策,还要肩负企业价值观宣导重任的人力专员。从战略的角度看,为了避免业务经理基于短期业务压力采取短期做法,也需要有目光长远的人与其搭档。

(3)COE可以说是从IBM最早开始起步的。其主要职能是让行政的政策适应跨国家、跨文化、多类型业务、跨领域的实际业务情况,从而让跨国公司的行政结构能适应业务发展需求。其主要的特点是将跨地域的行政人员整合在一起,通过认知程度较高地区文化类同行政政策开始整合推广到认知程度较低的区域。

对于行政三支柱的发展,或许可以从以下几个方面来探讨。

(1)从成本考量以SSC出发,从降低运营成本的角度先建设SSC。在建立SSC的过程中,可以通过"同一张面孔"的理念,将初步的COE架构建立起来,目标其实就是COE到SSC,SSC反哺COE的发展。

(2)先机会导向再战略导向地建立三支柱模型。三支柱体系是一个行政运营管理领域的热点,但凡有点儿上进心的,都会在有机会做变革的时候运用上三支

柱，显示自己的能力和专业度。所以，从项目的角度看，先选择用机会导向做起来，再转向战略导向是非常合理的事情。所谓战略导向可能指的是从组织的核心竞争力出发，思考行政提供的运营措施对业务支持的匹配性，从而从"我觉得"变成"觉得我"，行政运营的措施优化就是在这个匹配的过程中完成的。鉴于此，对已经实行的三支柱体系进行细化，分析是走增长导向的三支柱还是成本导向的三支柱。

（3）考察COE究竟是否适合三支柱。大部分情况下，COE是很难落地的。就算阿里巴巴的行政体系中，COE也是挺含糊的概念。引发这种情况的可能有三种，一是目前行政HC有限，好不容易找了一个COE，但与其业务的契合度不高，可能专业度可以但前瞻性不足，更多是靠复制经验，而不是走前瞻性研究。二是COE下不去基层，作为COE，其工作中有很大一部分工作是要总结一些运营中发现的问题，研究一些可以提升运营效率的事情，研判一些优化的方向，解读一些行政发展的趋势。最后，要等你用上行政三支柱的时候，往往会碰到孤岛效应。那你的COE就很难落地了。

正常来说，我们行政运营一般都是按照流程模块划分的，每个职能都有对应的一个行政模块承接相应的工作，这样模式的好处是在至少一个模块内部是能形成闭环，但同样地也让各模块间缺少协同合作。因此不管是三支柱，还是"大平台、小前台"或平台化，其目的都是解决各模块间缺乏协同的问题。

在企业实际实施行政三支柱体系时，三个行政支柱的分工与协同很难突破工作界面的壁垒。COE不接地气，从而导致方案或规划无法匹配业务部门的需求。这样行政BP也就得不到战略性指导，时间一长，COE就会更加的边缘化。从SSC的角度来看，SSC与COE和BP不一样，能直接产出成果，做得越多，自然与BP和COE会存在交叉。具体应该如何解决这类问题，我们还是需要多参考HR与财务的实操经验。

可以这么说，财务及HR在前面试错，提供了成熟的共享中心、BP等的工作方法论，我们需要做的就是理解这些方法论和经验，结合行政的实际业务来实现我们行政三支柱的落地。

第 2 章

方向引领：
构建适合的行政管理体系

大中台、小前台——与时俱进的行政架构设计

假设你是一家公司的老员工,随着公司的发展而不断成长,但同时你一直有个苦恼,虽然自己团队不断在发展,但总感觉在目标落地上有点儿不舒服。如果你是这位老员工,你打算如何解决呢?这也引发了我对行政架构设计的思考。

一、组织架构设计的基本原理

组织架构设计的基本原理基于如下三点。

(一)体现组织四大类职能的内在协同

四大职能分别是:决策职能、价值创造职能、支撑服务职能与管控职能。

不同的职能在一家公司的组织架构中定位不同,如图2-1所示。

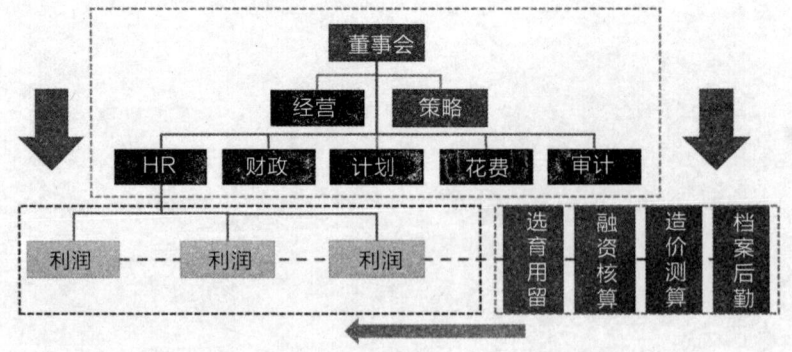

图2-1　公司组织架构与职能图

（二）实现不同级公司之间的权属关系

集团与分子公司在权属关系上分为以下三层。

强控制：操作管控（分子公司业务受集团管控）。

中控制：战略管控（分子公司经营方向与主要策略受集团管控）。

弱控制：财务管控（分子公司财务数据及资金流受集团管控）。

（三）确定岗位

完整的组织架构图要从部门划分具体到具体岗位。

二、古典组织架构设计与现代组织架构设计之间的异同

其实，古典组织架构设计和现代组织架构设计并没有本质的区别，仅仅是大家对架构设计的理解不同而已。抛开古典组织架构设计和现代组织架构设计的区别，我们先来看一下在实际操作中，往往会存在什么情况。

无论哪个理论都会告诉你组织结构设计与战略、环境、规模、技术这四个要素有关，但现实的情况是，在大部分公司，老板的意愿决定了组织的架构。

下面用表格来对比一下古典与现代架构体系的区别，仅供参考。

表2-1 古典与现代架构体系的区别

		古典	现代
1	解决什么问题	权力与责任关系是否匹配	资源配置的问题
2	考虑什么问题	1. 设计多少个层级：设计的原则是以考核点为准 2. 设计主业务线是什么：组织结构设计要服从于企业的战略	尝试解决"KPI完成了，业务死了"的问题
3	典型的结构	1. 金字塔型：直线制、职能制、直线-职能制、事业部制、模拟分权制、矩阵制 2. 扁平化	1. 超扁平化 2. 大中台、小前台 3. 网状连接

通过对比，我们可以明显地看出，同样是基于四个基本要素的组织架构设计，

古典的组织构架模型关注的是公司本身的稳定性,而现代的组织构架的理念则更关注业务的发展性。或者可以说,目前很多中国企业都更适用于现代的组织框架,这样才可能更加适合用来快速扩大,直至进入瓶颈期后,开始转向古典模型后再管理。

三、为什么企业要调整组织架构

归根到底,是为了解决业务发展与权责分配的问题。

让我们对比以下两种情况。

第一种是很多企业容易出现的情况,就是所谓的"面对着上级,背对着顾客"的组织结构。这种结构太普遍了,大部分的金字塔架构都会产生这样的情况。在这种情况下,员工更关心上级的脸色和看法,一切以上级的意志为核心。也可能都非常敬业,但只对部门的业绩负责,公司的业绩他们不管。最后导致市场中真正要重视的"客户导向"在这个结构中成了一句口号。当然,这样的结构在中小型公司非常有用,可以有效地增加灵活性,领导高瞻远瞩,下属只要做好自己的事情,很多企业因此活了下来。

第二种情况就是从互联网企业开始流行的"大中台,小前台"的模式了。这种模式就是为了解决大企业病——"赢了KPI,输了业务"而产生的。大企业病的主要原因很多,如部门的孤岛效应或者叫业务墙、部门墙。"大中台,小前台"模式的核心理念就是,让懂业务的人指挥资源,将原本分散在各条线上的公线资源全部回收成为一个"航空母舰类型的火力中枢"。前台负责创新和业务的人员成为"独当一面的特种部队",当"特种部门"做业务需要资源的时候,由中台这个"航母"提供火力资源。这样的好处是能减少大量在传统架构中要解决的层层审批与沟通带来的效能降低的成本。但同时也需要评估综合风险,减少资源分配中存在的广撒网现象,避免OKR(目标与关键成果法)评价导致的成功率下降的问题。

关于"大中台,小前台"模式,类似进行风投项目,有很多成熟的评价工具与方法论来参考。当然,一个模式有优势就一定有劣势。对于"大中台,小前台"这个模式来说,也有其需要探索解决的问题。

(1)前台和中台的冲突。当前台需求无法从中台满足时,是中台设法支持还是前台自己搞呢？如果是前者，中台如何做好资源的平衡工作？如果是后者，前台的架构膨胀只是时间问题。当然，你也可以参考风投模式，确认好投资总额后，前台对预算负责，中台则根据前台的业务进度，分批投放资源。

（2）如何判断前台的创新是否靠谱。现在就说快速迭代，小步试错。那小步试错就不容易发现前台业务的风险，因为你看到的数据是优化过的。当然，也可以参考风投做投前评估与阶段测试来解决。

四、行政架构如何做到与时俱进

目前部分互联网公司已经将行政部门的架构变成了"大中台，小前台"。比如，某互联网巨头企业的人事行政已经在启动一场深刻的组织变革，方向和上面的"支撑平台+战斗小分队"的模式类似。他们将人事行政原来的架构打散了，然后按照不同的客户来划分团队，后面再加上支撑平台。这样的变革，是先合并，再拆分，将团队做小。因为小才灵活，才有活力，才能快速应对客户需求。除了平时支持业务线，根据不同业务线的不同项目需求，临时自由组合成不同样式的支持体系，保证能力匹配，这个可能才是未来行政应该有的组织架构。

五、对行政而言是架构先行还是流程先行呢？

这是一个源自IT行业的概念，套用在行政部门身上也很适用。

如果我们想要与时俱进地做组织架构升级，架构与流程哪个先行呢？通常，开始做管理者的时候，所有人交流时都会和你说，组织一定要先有架构，之后才有流程。一方面，先把团队骨干搭好，才能好根据架构梳理流程。另一方面，不管什么样的团队，对外沟通的时候，多数也是按架构内的分工来进行。所以，通常的印象是架构先于流程。

但如果做了一段时间，有些行政人会重新怀疑架构先行是否真的完全正确了。其实，组织的架构与流程并不是前后的关系。架构是指你为了能保障提供服务而搭建的框架，而流程则是业务具象化的过程或者提供用户体验的界面。

对于用户体验这个维度来说，流程是目标，让用户舒服顺畅地按预设跑完整个流程。对行政体系的保障来说，架构是目标，你所有的产品开发、产品设计、产品测试、迭代优化都是在这个架构的基础上完成相应的工作。

所以，架构和流程是一个互补关系。架构打造流程，流程验证架构。架构是用来让用户顺畅跑完流程的产物，但归根到底，流程才是核心，对流程有分析，能验证架构是否满足用户的需求。

从实操的角度看，用户的需求越多样，那相应的流程就越多。这个时候架构会显得非常的复杂，但有种情况是当你按端到端流程架构体系梳理了流程后，你的架构反而可以趋向扁平化。

因此，架构先行还是流程先行，其实是个伪命题。他们之间是相辅相成的关系，流程与架构能互相促进对方成长，但其关键点还是在于与公司业务的匹配。

如何搭建一个合适的企业行政管理体系

关于行政管理体系的建设,由于每家公司的出发点、目标、维度、粒度都不一样,因此需求和手法也不一样。但简单来说,就是标准流程/规范+对标+企业实际情况。

行政管理体系是一系列不同系统的组合,具有多维度、连续性和持续性,遵循 PDCA [即计划(Plan)、执行(Do)、检查(Check)、处理(Act),持续改进模型]闭环自我驱动的特点。我打算从几个维度来进行说明,让大家了解行政管理体系建设中需要注意的点。

行政管理体系的建立有两种主要模式,一种是以服务/产品为基础的,这就是现在典型的行政体系,有岗位说明、有流程标准、有评价体系、有相应的考核和激励制度等。另一种是以业务为基础的,这样的模式更灵活,特点是有基础的流程与表单、有根据业务需求快速迭代的行政服务与产品、有楼宇管家、有行政业务伙伴、有基于数据的改善等。

一、行政管理体系的建设阶段

从具体事务的维度看,行政管理体系的建设可以分成三个阶段。

第一个阶段是通过整合具体的行政服务/管理工作,来搭建体系的框架,它包括大量繁杂、琐碎与严谨的工作,如保安、保洁、绿化、维修及行政人员管理等。

第二个阶段是通过有效能的行政工作,整合出一套框架来,其标志是让员工参与行政管理的具体活动,如行政流程的建立、行政规范的建立、活动组织、空间管理、办公室装修等。

第三个阶段是从"以人为本"的工作思路出发，宏观地搭建框架。这里的"人"有两层含义，一层是员工，另一层是企业，即站在企业的角度为员工提供的行政服务/产品，而不仅仅是从员工的角度出发提供的行政服务/产品。它主要由人对人/面对面展开，通过沟通反馈、激励等手段实现行政管理体系的开发、改善、优化及提升。

行政管理体系的建设从人的维度上来说，可以分为三个阶段。

第一个阶段针对"努力适应的人"：这个阶段往往是为解决问题而解决问题，为建立制度而建立制度，为完善体系而完善体系，没有特别明确的目标、体系或标准。

第二个阶段针对"经历中/过体系的人"：很多大型公司的人员到一些中小型公司会有一点儿不适应。因为中小型企业的制度可能还不完善，这会让一切用制度说话、一切以制度为行动标准和办事标准的大企业人感觉不习惯，总想着要赶快完善体系，让自己重新纳入那个舒适圈去。

第三个阶段针对"建立过体系的人"：这个时候，已经建立过体系，对体系有了一定的了解，也知道如何应对体系建立中的各种问题了。

同样的，从体系构成的维度来看，可以分为"三个流"。

第一个是信息流。信息流分为两条主线，一条是基础数据与资料的准备及累积，这是制定及优化任何规章制度或政策的基础。另一条是打造流程+表单。以上两条线就构成了企业内部行政的点到点、线到线的各个环节的基础。

第二个是审批流。审批流很好理解，这关系到了流程管理的架构、发布机制、变更控制、执行及最后的监督，它是确认行政管理体系从建立到有序运营的保障。

第三个是PDCA。没有最好的流程和最佳的表单，自然也就谈不上最完善的体系了。因为当企业内部的流程、表单、产品等发生了变化，原有的体系也一定会跟着公司的实际情况不断进行调整。

二、行政管理体系建设的四个步骤

（1）构建跨职能部门，即由一个部门负责的流程管理机构。这个机构一般由分管副总领导，由涉及的部门主管参加。其目的在于解决管理体系中的孤岛问题，让负责统筹流程管理权责的部门能承担起以流程管理整合行政管理体系的责任。

（2）规范化流程描述。同一个流程，往往在行政制定的时候觉得很通顺，征求意见的时候也会发现没有意见。但在具体操作中才发现有很多问题，这就是流程中细节描述的问题。比如，岗位定义的描述、流程内名词的解释等。为了避免这类情况的出现，一开始就建议要统一好描述规范。

（3）制定流程规范。对于管理体系的整合来说，流程规范手册及岗位职责的制定与完善是其成功的重要标志，其目的就是借用业务流程对行政复杂烦琐的管理手段、理念、措施进行整合，使其在每个流程中能发挥作用，并成为管理体系的基石。

（4）建立符合公司实际并能自驱完善的综合流程平台。信息化能带来效率，减少人工成本，避免人工管理可能带来的问题，同时让数据更具有可追溯性。这也是行政专业化的一个亮点项目。

三、如何构建企业的行政管理体系

关于企业如何构建行政管理体系，很多公司会选择找一家咨询公司或者专业人员帮着先把框架搭起来。如果不得不需要自己做，该如何做呢？我在给出具体的方法之前，先介绍几个纲领性的提醒给你。

（1）很多时候你的领导都不知道他想要一个什么样的管理体系，也不清楚其中有多少工作量。你要意识到这一点。

（2）虽然参考网上的其他公司的流程和政策，可以帮你快速建立起流程和规范，但不能帮你建立行政管理体系。

（3）体系建立的外在过程是自下而上的，而内在逻辑是自上而下的，千万不能弄混。

在具体操作中，以下几点是需要认真学习并实践的。

（1）首先和领导充分沟通，让他主导推动，并让他了解实际工作中可能碰到的问题和需要解决的问题。

（2）和财务、法务、人事、采购、运维之类的部门沟通并协作，因为行政管理体系是公司管理体系的一部分，千万不要独立操作。

（3）成立一个跨部门的流程管理机构，就流程和规范建立的事情达成一致，再继续推动。如果可以，做执行者，不要做领导者。

（4）先流程+表单，运营成熟后再做规范。千万不要拿着网上的材料，给公司制定目前还没有的规章制度。

（5）做好前期的调研工作。这里的调研工作指的是，收集各部门，如采购、人事、财务等涉及的行政类流程及表单，分析目前的管理现状，通过分析及对标弄清楚哪些可以优化，哪些可以做，能做到什么地步。

（6）成文信息要规范。这些直接参考已有的成熟资料，如《一本书读懂行政管理》等。

（7）梳理公司内各行政模块，并出具对应的流程、表单及规范，从而搭建行政管理体系的框架。管理体系是一个综合体，是一个层层递进、不断迭代的过程，将规范整合就成体系。

（8）强化评审环节。等规范、流程、框架之类的建好之后，要组织流程管理机构及管理层进行评审，流程和表单至少要让五位不同部门的人员进行测试，一旦发现不符合要求的地方，就形成报告。

（9）PDCA。在评审、测试、日常运行、业务需求、对标及领导的指示下，主动去发现体系的改进机会，周而复始，从而不断完善。

行政管理体系建设是很有意思的过程，通过梳理公司规章制度、流程表单、业务需求、产品服务等对行政的管理体系搭建框架，通过PDCA及对标对体系进行不断的完善。

实用、规范、效能：建立和完善行政规章制度的铁三角

关于如何建立和完善行政规章制度，是很多行政从业者感到疑惑的问题，但同时又是行政进阶过程中的必修课之一。接下来，我们学习一下基于实用、规范与效能原则，如何去建立和完善行政规章制度。

一、关于实用原则

经常让大家感到苦恼的是领导让建立一套适合公司需求的行政规章制度。那么什么是适合公司需求的行政规章制度呢？仅仅针对"适合"两个字，你会想到什么？

对标大企业，参考公司实际情况来做规范？对标大企业，人家出差住五星级的酒店，如果一个小公司制定这样的规范，想必你的老板一定会火冒三丈。

那么，我们可以用什么基准来做呢？那只能是实用主义了。实用主义的基础之一就是依据你现在公司的现状，即各类流程、规范、表单、SOP（标准作业程序）等，整合出一套规章制度来。

那如果有些东西，现在没有可参考的旧例怎么办呢？依然还是以实用为主。

二、关于规范原则

所谓"没有规矩不成方圆"，但对于制度而言，规范这件事情可能更加体现在制度的严谨及流程的可操作性上。

所谓严谨，不光是行文格式的严谨，更多的是体现在对制度本身逻辑的严谨。

另外就是流程上的可操作性了。无论做任何规章制度,一定要做小范围内测,行政先测试,然后邀请相关部门测试,最后再提交公司审批和上线运营。这样一来就算没有考虑全面,也可避免在主要环节中出错。

三、关于效能原则

我们做规章制度的目的除了要规范作业流程外,最重要的还是支持公司的业务发展。这里的支持是帮忙公司业务健康发展,而不是去添乱。

因此,流程的流转速度或审批步骤在公司风控制度允许的范围内一定是越精简越好。

有人可能会有疑问,我们设置复杂的流程是为了加强风险控制,如果流程精简了,那风控怎么办呢?

风控一小半是靠制度,一大半是靠监督。规章制度对效能的提升可以从两个方面着手改善。

(1)合理简化流程和表单,提倡流程制度上线。比如很多人都说钉钉简陋,但钉钉够用,而且免费,里面的各类二次开发模块价格便宜,功能齐全,非常方便。

(2)多指引、少规章制度。规章制度是将公司的经营理念文字化的产物,指引才是实操的东西。因为涉及实操,我们出一个指引,既能作为规章制度的有效补充,还不容易导致员工的反感。调整规章制度麻烦,调整指引就简单多了。

树立端到端的行政流程管理思路

很多从业者经常会问这样一个问题：公司内部本位主义严重，各部门都在做自己能做的最好的事情，但就是流程冗余，事情难以推进。如何破局？不妨尝试一下端到端的流程管理思路。下面结合实际操作案例了解一下端到端流程架构对行政的用处。

一、端到端流程架构

端到端是一个从供应链管理发展起来的概念。它指的是为满足特定客户需求或业务目标的全流程管理，从客户需求出发，直到满足客户需求为止，提供端到端服务，从而让整个流程形成有效闭环管理。简单来说，端到端的架构体系就是从提出需求开始到满足需求的闭环流程。

从人力资源管理的角度看，端到端就是从发展规划到人力资源规划，再到选育用留，直至离职的流程；从行政的角度看，端到端就是从需求分析到产品或服务设计，再到实际运营，迭代改善，直至产品或服务终止的流程；从财务的角度看，就是从融资—做账—报销审核—做单—付款—做账的流程。

在真实的端到端的流程架构体系设计中往往会根据企业的运营模式，通过打破职能瓶颈去规划和设计流程，抓主线与核心，对流程做全生命周期产品设计与管理。下面结合实际操作，我们来看几张关于端到端流程的架构图。

如图2-2所示，从架构的角度，展示了端到端流程架构的三个层次及层次间的交互作用。

端到端
流程
业务链
业务链
业务链
战略层
服务流程
服务
流程
服务
流程
服务
流程
管理层
职能流程
职能流程
职能流程
职能流程
执行层

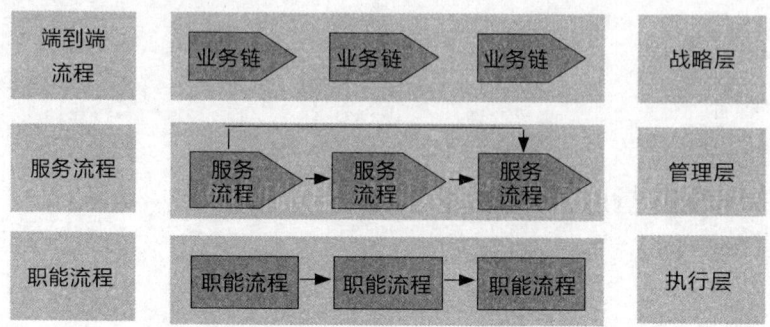

图2-2　端到端流程架构图

接下来的一张图是美国生产力与质量中心（APQC）定义的跨行业 PCF（流程分类框架，Process Classification Framework）。

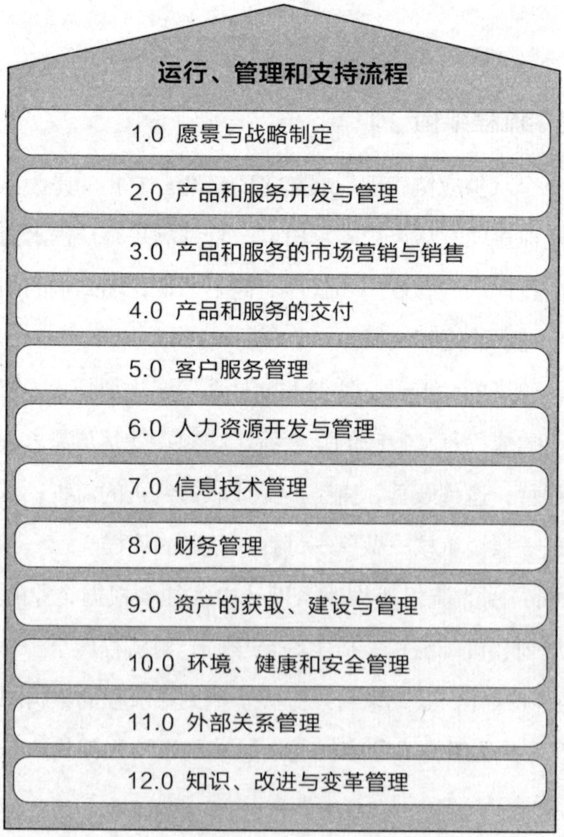

运行、管理和支持流程
1.0 愿景与战略制定
2.0 产品和服务开发与管理
3.0 产品和服务的市场营销与销售
4.0 产品和服务的交付
5.0 客户服务管理
6.0 人力资源开发与管理
7.0 信息技术管理
8.0 财务管理
9.0 资产的获取、建设与管理
10.0 环境、健康和安全管理
11.0 外部关系管理
12.0 知识、改进与变革管理

图2-3　流程分类框架图

如图2-3所示,你觉得行政在哪个位置呢?涉及哪些具体的流程呢?

从图中可以看出分别在9.0、10.0和11.0内涉及行政。

用物业管理相关流程举例,按照国内做法,将物业管理列在了上图中的9.0当中。

当然根据企业、情境和客户的不同会有不同的流程。对我们而言,可能方法更重要。通过参考,我们是否能整理出自己的相关流程呢?

通过参考流程分类框架(PCF)及其他各类资料,我们能更加深刻地理解行政管理在公司整体流程体系内的交互作用及位置,从而制定出更加合理的流程来。这是端到端流程架构的第一步。

接着,就是第二步了。我们知道流程是公司业务的体现,不管走什么流程,根据公司的实际情况,都会在内控和效能上进行综合取舍。比如,华为就是效能优先,海尔就是内控优先。这两者之间并没有对错之分,大家可根据实际情况来分析和体会。下面重点讲下效能优先流程。

效能优先的流程包括三个主要条件:健全的决策体系(DOA)、明确的组织架构和明确的岗位职责。通常,我们需要在这三点的基础上来讨论效能优先的流程。

言归正传,任何企业的流程都只能是该企业具体业务的体现、优化、完善和总结。其他公司成功的经验虽然可以借鉴,但坚决不能照搬。

二、端到端的架构体系对行政管理的帮助

(1)端到端的架构体系是很好的耦合内控与流程管理。它既能加强内控,又能增强流程管理。

流程与企业的实际运作过程密切相连。端到端的流程架构,要求从细节抓起。控制要从细节抓起,两者才能实现很好的耦合。

在做采购管理的时候,往往会通过金额设计分层审核机制。一定金额的项目需要招投标,甚至要成立招采委员会来评选。

同时,对于行政管理流程而言,通过与内控的耦合也可以增加公信力,这样用来贯彻端到端的架构体系就更加顺畅了。

（2）端到端的架构体系，更加符合BPM，即业务流程管理，BPM的管理模式，可以让行政管理流程更加容易突破传统的"工作流"模式，进一步深入业务。

为什么行政可以借助BPM业务流程管理的方法论和措施来实现端到端的流程架构呢？接着可以打通"工作流"呢？

从方法论的角度看，业务流程管理的核心在于打通端对端的业务流程，将流程进行分层和分类描述，可以把客户、利益相关者、法律法规的要求都在设计的流程管理体系中加以体现，从而实现对流程的完整性及潜在问题的管理目标。具体的措施就是把流程结构化，从而在实际操作中将存在的问题揭露出来，为具体业务过程扫清障碍，从而保障企业实现目标的执行能力。

业务流程管理的核心有一点就是打通端到端的业务流程。端到端其实是一种对流程进行梳理和归纳的方法。我们以一个办公室现场调整为例来看一个端到端的流程，会是怎么样的呢？

可能会包含以下端到端的流程，如图2-4所示。

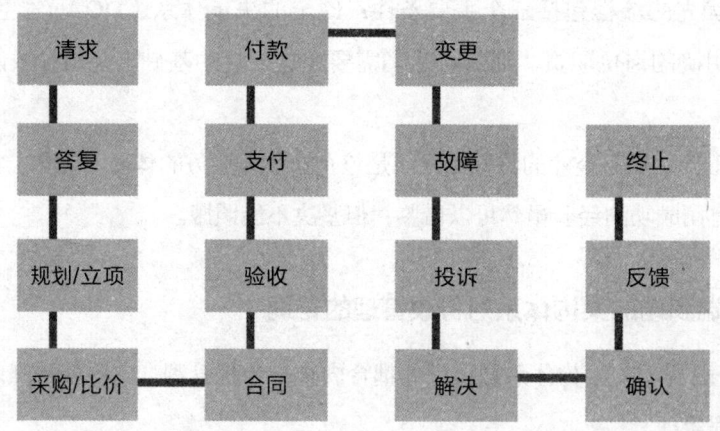

图2-4 端到端流程示意图

以上就是从客户需求角度出发，经过行政的处理再回到客户结束的"闭环"流程。当然，这也是从客户到退出的用户全生命周期视角下的端到端流程。

每一条端到端流程都是由一个或一个以上的服务流程构成的，是一个完整的流程链。我们通过梳理企业需要满足各种行政需求及需求的来源来拟定一个相应的满足目标,从而完成端到端流程的梳理。

比如,"行政保障流程"这样一个行政的服务职能,可以与其他如"维修""耗材管理"流程共同构成一个"设备维护流程"。同时,这个"设备维护流程"又与其他流程一起构成"行政现场管理端到端流程"。而所谓的"行政现场管理端到端流程"体现的是从"需求提出"到"完善管理"的完整过程。

(3)端到端的流程架构有利于通过"数据"或"信息化"驱动来驱使行政整个业务能力的提升,从而达到快速响应需求及变革的目的。

说到数据或信息化驱动,对行政管理而言难在如何做和如何落地上。其实在制造业上早已有了成熟的案例及方法论了。那么,如何通过端到端的流程架构来实现信息化驱动呢?把握以下几个关键点就可以了。

① 流程统一化,作业标准化。这里说的统一化是指通过建立流程周期管理,对已有流程进行梳理、审视及识别,从而发现变化点及漏洞。重新审视流程业务变化点,识别业务漏洞,从而实现标准统一,接着对操作指导文件根据标准化后流程重新发布,让流程与实操同步,为流程管理提供有效支撑。

② 在实操中发现问题,在解决问题中形成闭环。在建立流程常态化管理体系机制时,根据实际操作情况发掘问题,改善并跟进闭环,对于异常问题重新进行优化和整改,并形成文件记录,作为量化指标。

③ 利用流程穿越驱动信息化建设。流程穿越,指的是让制定流程的人、决定审批链的人等与流程密切相关却不直接执行的人,以客户或执行者的角色进行体验实操,通过自身体验反向推动流程的自我优化流程。

在很多情况下,不是行政的执行层不想做信息化,而是决策相关人对信息化的理解可能与实际存在偏差,从而导致结果不理想或产生偏差,进而影响流程的信息化建设。

使用流程穿越这类没有既定的标准,所以强调亲身体验的措施,往往更有效。尤其是涉及跨部门协作的,往往能从根源上发现问题并予以解决。对于端到端流程架构体系而言,流程穿越在很多大公司已经成为流程管理的重要措施了。

每个企业都在倡导以客户为中心,倡导如何来实现客户价值,但多数企业只是把客户为中心停留在理念层面。在真正的实践中,他们没有办法快速地实现对客户的响应。主要的问题出在组织结构上。整个组织是以自我为中心的、是以管理为中心的、是以控制为中心的，而非以客户为中心。而当客户在组织之外提出各种需求时，公司的组织也无法快速响应，无法正确执行。

要想解决这个问题，满足和实现客户价值的核心要素就是"流程"。这里的"流程"并不是我们日常一直接触的程序、规范等，而是以客户需求为输入，以完成客户需求为结束的整个端到端的实现过程。

当然，在公司规模较小的快速扩张时期，业务重点在发展上，对流程的诉求较低，灵活性显得比较重要。这个时候我们不要去强求端到端的流程规范，只要是在符合内控的前提下，强调效能优先就好了。

当你服务的企业规模逐渐发展壮大后，组织分工会越来越细，一定会从粗放式管理向精细化管理转变。这个时候，流程能帮你定义清晰的分工界面和合作机制。

如何做出"别人家"公司的行政信息化系统

每次见到别家公司"高大上"的各类行政信息化系统之后,除了羡慕之外,思考较多的还是该如何做才让自己脱身于各类繁杂事务之外,不用每次都拿着几张纸质审批单满大街跑。

要想达成目标,首先得大概了解其实现过程。简单来讲,信息化的过程就是基于某种目的(审批高效、风险防控等),将部分高频工作或是重点或难点工作流程化、标准化,并在此基础上进一步分析、做出决策等。

一、苦练内功,流程和标准梳理是前提

正如罗马不是一天建成的,行政信息化系统也不是突然之间变出来的。任何强大的系统背后都有相应的流程和逻辑在支撑。所有的系统背后都是企业业务管理思路和企业文化的体现,因此在实现信息化之前必须对行政业务的流程和标准进行全面梳理。

纸质单据其实已经为我们的流程和标准梳理奠定了良好的基础,纸质审批单据本质上已经是线下的流程化了,只是在审批的时效、过程留底、统计决策等方面存在诸多不足。

而企业上线信息化系统的初衷是提速、增效,因此在实现的过程中也要始终贯穿这个思路,并不能仅仅是把线下纸质审批流程搬到线上,还需充分考虑流程和审批节点的合理性、使用界面的舒适性和友好性等。

二、做好规划，聚焦重点，确保系统的实用性

在建立行政信息化系统时，容易出现一些误区。比如，缺乏对系统的整体规划，导致各子系统孤岛林立，无法实现数据互联、互通；或是追求"高大上"，最终导致系统的实用性不强。

这就要求我们做系统设计和开发时，一定要树立整体规划、分布实施的理念。即使相应预算仅能完成一到两个子系统开发时也应如此，尽量避免以后要花费大量时间和精力去进行系统打通和开发。

在规划设计时结合行政工作内容进行总体考虑。在内容方面，至少应包括常用信息查询类（如团队介绍及分工、规章制度、服务指南等）、高频服务类（如来访管理、会议室预订、车辆预订、订餐、名片申请等）、运营支撑类（报修、供应商管理、工单管理等）及互动沟通和活动宣传等。在系统和流程衔接方面，应做好接口开发，实现业务相关系统或流程之间的连通，确保给员工提供一站式服务体验，而不是办一件事需要提交多个流程或使用多个系统。

考虑到资源有限及业务不断变化发展等因素，很少有公司会一次性完成整个行政信息化系统的建设，而需要分期开发或是不断迭代。因此，你要把握每次的机会，充分体现信息化的优势和价值。

行政信息化开发要聚焦重点，优先解决重点和难点问题与满足高频次服务需求。高频次服务需求，如会议室预订、车辆预订等实现信息化后，将使我们腾出更多时间去聚焦于解决重点和难点问题。而通过信息化促进重点和难点问题的解决，则是行政工作显性化和价值化的有力体现，如通过智慧餐饮系统减少排队时间和浪费等，提高员工服务满意度和节约资源。

三、企业行政信息化系统实现方式

根据投入资源和实现程度不同，企业行政信息化系统主要有以下三种实现方式。

（1）完全免费，实现微改变。比如，利用现有的小程序或功能软件等，可以实现部分行政工作的信息化，如职场巡场、派车等，但功能会比较有限或是使用高级功能需要付费等。

（2）借助现有基础平台（如基于企业微信或阿里钉钉等），花费则比较适中。很多基础平台已提供大部分通用功能，如考勤、周报、流程审批等，如果想系统更加契合企业需求，可进行进一步开发，实现与企业现有信息化系统或平台的对接等。

（3）企业定制化开发，花费较高。规模化企业一般会选取专业公司结合各自行政服务需求，定制化开发相应信息化系统。这样做不仅可充分满足业务信息化需求，还可与公司其他系统如企业资源计划（ERP）、人力系统、采购系统等实现充分对接，进一步提高工作效率和公司效益。

借助SMART模型制订工作目标

每到一年一度做总结和规划的时候,就会有很多行政人开始追问年度计划和目标的模板,或询问关键绩效指标(KPI)自评如何填写。在这里和大家分享一下如何利用SMART模型来确定工作目标。

说起SMART原则,相信很多人都听过或接触过。现在我将结合案例实操和大家分享一下如何借助SMART模型制订行政管理工作目标。

一、SMART原则及5W2H法

SMART原则及内容。

S(Specific),代表具体,指制订目标要具体,要有具体计划指标,不能打统账。

M(Measrable),代表可度量,指目标可以被量化,就是验证目标是否达成的数据或信息是可以通过具体的方式方法获得具体的指标的。

A(Attainable),代表可实现,指目标具备实现的可行性,目标设定遵循跳一跳能摘桃的原则。

R(Relevant),代表相关性,指目标是可以分解为小目标,且小目标与大目标具有关联性。

T(Time-bond),代表有时限的,注重目标的达成是有特定期限的。

具体在操作中,我们可以通过使用5W2H法,向自己提出问题并通过思考这些问题,来明确目标及如何落地目标。

WHAT:你的目标针对什么对象。比如,你的目标是针对员工满意度的。

WHERE：在哪些方面实现你的目标。比如，通过提高××目标及××目标，提高满意度。

WHEN：针对目标达成的时间限制，如在1~6月份持续提升。

WHO：谁去实施或针对哪个目标。比如，上海行政部前端模块，针对上海办全体员工。

WHY：为什么这个目标可以达成。因为目标是每月提升5%的满意度。

HOW：为了达成这个目标，你有什么具体的措施或方案。

HOW MUCH：为了达成这个目标，你要花费多少成本。

最终整合后，就是某公司上海行政部前端模块要在2020年1~6月期间，通过完成××每月提升员工满意度5%的目标，具体的措施或方案是什么。

二、SMART原则的优劣势

SMART原则的优势主要体现在以下三个方面。

（1）成熟的思考模型。制作模型的意义就在于你碰到问题时，可以直接参考。

（2）让目标制订的过程更加的有理有据。SMART原则通过帮你整理思路，让你的目标制订过程更加符合逻辑，更加经得起实践检验，从而为后续具体落地打下良好的基础。

（3）有利于目标的实现。通过分析基本都十分清楚明晰，并且具体到可执行的环节了，就能实现目标了。

SMART原则的缺点主要体现在以下两个方面。

（1）它不是一个闭环的模型。SMART只能用来做目标，但不会告诉你如何实现或者落实目标。要让目标具体化，你要用5W2H法。

（2）S和M在实操中容易重合。S和M其实在说同一件事情。在实际操作中的时候，容易发生混淆，不管是S还是M，都需要把目标、步骤进行细化、量化。

因此，我们必须配合5W2H法来制订行政工作目标，这样才会让SMART原则具有可操作性。

三、如何用SMART原则制订工作目标

以食堂员工培训为例,我们来学习如何合理利用SMART原则和5W2H法来提高食堂出餐效率。

假如最近你作为餐厅管理者发现,餐厅出餐区域的人员劳动纪律比较松散,工作出错率较高,出餐效率不断下降,打个菜也经常心不在焉。针对这些问题,你准备制订一个系统性的培训方案来解决这些问题。

如果你作为行政经理,你会如何做这个方案呢?下面我们运用SMART原则和5W2H法逐一分析。

1. SM结合5W2H

● WHAT:起草与需要解决的问题相适应的培训内容

○ 劳动纪律管理及制度。

○ 配餐标准流程的执行。

○ 出品首发责任制度的执行。

○ 产品检验监督的执行。

○ 提升出餐效率的实操培训。

● WHERE:给谁培训,在哪里培训

○ 劳动纪律、配餐标准流程及提升出餐效率的实操培训的培训对象可以是一线员工。

○ 产品检验监督可以是当值领班。

○ 为了节约成本,计划放在公司内部的会议室举行。

● WHEN:针对目标达成的时间限制,如在1~6月份持续提升

○ 劳动纪律可以花2天时间,配合考核就够了。

○ 其他几个培训内容因为重要且紧急可以投入更多的时间,比如3周,期间再安排2~3次考核。

● WHO:谁去实施

○ 关于劳动纪律、配餐标准等,选择内部讲师。

○ 关于实际操作内容,邀请其他项目中的优秀员工进行分享。

● WHY:为什么这个目标可以达成

- 提高劳动纪律的严肃性，一线员工投诉率每月不超过2次。
- 打菜的差错率控制在每月3次以内。
- 综合满意度达到98%。
- 微笑服务率达到90%。

• HOW：为了达成这个目标，你有什么具体的措施或方案
- 通过培训解决上述问题。

• HOW MUCH：为了达成这个目标，你要花费多少成本。
- 预计花费2000元。

2. A：可行性实施方案

不能把目标制订得太离谱，必须结合员工的实际情况。类似上面的WHY，如果目标无法完成，那制订目标也就没有意义了。

3. R：目标分解及关联性

因为是培训，所以，我们需要做到因人而异。也就是说，不同的人要接受不同的培训内容。

4. T：时效性的方案

对于每项工作都要有时间节点和效果评估。比如：
- 培训要在1个月内全部完成。
- 微笑服务率在2个月内达到80%。
- 综合满意度在3个月内提升到98%。

最后，SMART原则是一种工具，具体实施效果好不好关键看行动。要想避免目标的制订流于形式，主要靠后续的执行。

基于OGSM计划性制订行政工作计划

关于行政工作计划，你有没有这样的经历：辛辛苦苦加班做了一个"完美"计划，将工作事无巨细地都列在计划里，美滋滋地等着被老板夸奖。结果等来的却是"没有高度、没有重点、没有想法……再改改！"

那么，如何做才能交出一份让老板满意的行政工作计划呢？

一起来试试基于"2W1H"的思考模型和"OGSM工具"的方法吧！

2W1H方法主要指的是：WHY、WHAT和HOW。

一、WHY：了解制订工作计划的目的与意义

1. 编制计划，可以确保工作思路与方向正确

行政工作计划一定要与公司总体要求一致。通过计划编制与审核，才不会出现南辕北辙。比如，老板一直在追问今年行政预算怎么增长了这么多，那你下一年的工作计划就该考虑如何降本增效方案。

2. 编制计划，实际是对全年工作进行推演

编制计划的过程就是对全年工作开展的思考过程。什么时间节点要做什么样的工作，各类资源（如人力、预算资源等）应如何配置。思考过后，才能对全年工作心里有数。

3. 编制计划，才能对重点工作进行统筹管理

老板看过计划之后，发现重点工作都在里面，心里也就踏实了，接下来就是利用计划表开展监控可以了。

只有摆正心态，清楚制订计划对工作、对自身的重要性，而不把计划当作完成

任务一样去应付，才能拥有制订一份好的工作计划的基础条件。

二、WHAT：聚焦三个维度开展计划编制

计划可从老板、员工和自身三个维度，围绕"三点"去思考。

1. 老板关注的重点

想知道老板在意的是什么吗？那就仔细记录平时老板提过的工作要求吧。或是利用各类在线笔记，如印象笔记、有道云笔记，专门开辟一个文档来记录。

通过对这些记录内容的总结与分析，对于来年重点做什么，你也就基本有了依据。

2．员工反馈的痛点

当然，行政工作主要是为员工服务的。用户思维需要时刻牢固树立，计划的重点工作要考虑解决员工的痛点问题。

可通过满意度调查或是意见反馈渠道收集意见。比如，大量员工反馈食堂饭菜口感不佳时，餐饮出品管理就得重点关注了。员工经常抱怨会议室不够用或是浪费严重时，会议室的优化管理也得纳入重点计划工作之一了。

3．自身思考的亮点

我们的工作不仅要定位于解决老板和员工提出的问题，还要能进一步挖掘亮点，引领发展，把平凡的行政工作做到不平凡。

同时，要通过各种渠道拓宽自己视野，吸收消化外界优秀创意与方案，结合企业实际情况将其纳入工作计划中。

一方面可从互联网上吸收精彩观点与案例，另一方面也可以要求各类合作供应商提交计划与方案，充分利用供应商专业资源。

三、HOW＋OGSM计划法开展工作计划编制

HOW：如何制订工作计划，它通常与OGSM工具一起使用。

OGSM：一种计划与执行管理工具，即Objective（目的）、Goal（目标）、Strategy（策略）、Measrement（测量）的英文首字母组成。

当然，工具只是作为参考，并不一定要生搬硬套，主要还是借鉴思路。

比如，我们在实际计划的制订过程中，会将增加责任部门、责任人、状态评估、存在问题等字段，作为Excel计划表格的行标题。

以"员工服务"为例，可用OGSM做如下分解。

Objective：目的，即员工服务持续优化。

Goal：目标，如2018年员工满意度达到93分（要求尽可能量化）。

Strategy：策略，比如××月开展什么活动、加强质量管理、发布××制度等（要求尽可能具体）。

Measrement：测量、满意度计算公式（量化指标）。比如，××部门××人负责等。

这是单个项目或任务按照OGSM的分解。但实际的行政工作计划中涉及的内容往往多且复杂，因此在形成总体行政工作计划的时候，需要将不同的项目或工作任务按照一定的逻辑进行整理归类，而不是单点分散。这样做可以避免你的计划像简单记录的流水账，毫无思考和结构可言。

那么，如何对行政工作内容进行整理归类呢？这里给出两种方式。

第一，从工作职能角度，可按行政办公、员工服务、安全管理等模块来梳理。

第二，从工作内容角度，可按制度流程建设、活动策划开展、信息化支撑等维度来梳理。

当然，在实际工作中要结合各公司的实际情况开展，但方法论和目的都是一样的。

第 3 章

夯实基础：
规范企业日常办公支持事务

印章虽小，管理风险却很大

关于规范企业印章的使用和保管，已有很多书籍进行了阐述。这里主要讲讲印章的使用过程中可能碰到的风险及如何避免。

一、日常主要的公司印章

（1）公章。用于公司对外事务处理，工商、税务、银行等外部事务处理时需要加盖。

（2）财务专用章。用于公司票据、支票等在出具时需要加盖，通常称为"银行大印鉴"。

（3）合同专用章。顾名思义，通常在公司签订合同时需要加盖。

（4）法定代表人章。用于特定的用途，公司出具票据时也要加盖此印章，通常称为"银行小印鉴"。

（5）发票专用章。在公司开具发票时需要加盖。

二、在哪些情况下印章容易存在保管或使用风险

1. 刻制公司印章时

风险说明：一般需要用到税务登记证副本、营业执照副本、法人身份证，然后将其拿到公安局登记备案。这个时候就容易发生保管或使用风险。

建议措施：双人前往或法人直接前往。

2. 印章被盗时

风险说明：因印章的使用而发生纠纷。

建议措施：为了规避企业责任，印章丢失后应在第一时间带齐相关材料到指定的派出所报案、领取报案证明，并立刻在市级或以上公开发行的报纸上做登报声明公章作废（具体以工商部门规定为准）。接着就可以按相关规定到公安局新刻印章备案了。需要注意的是，新刻的印章需要与之前丢失的印章有不同。

3. 印章混用时

风险说明：由于印章的使用范围大小不同，导致人们以为印章有效力有大小之分，如果混用，就容易在实际工作中发生纠纷。

建议措施：建议明确各类印章使用范围，避免混用或乱用，尽量少用公章，并对公章的使用通过审批流程加强管理。

4. 他人使用假冒的印章时

风险说明：他人使用假冒的印章签证的合同，如无法证明该印章是假冒的，则公司需要承担责任。

建议措施：加强印章管理，避免印章流失。提倡使用数字加密或电子印章，在印章刻制时使用防伪标记。

5. 电子章防伪风险

风险说明：他人使用扫描打印出来的印章。

建议措施：使用有公信力的第三方平台保存电子印章。电子印章使用防止复印的加密水印。限制对电子印章的使用场景。

三、企业在印章管理方面存在的问题及管控举措

企业在印章管理方面常存在的问题如下一些方面，现做简要汇总。

（1）印章刻制的审批流程不清晰，也无内控程序与使用范围和有效时间。

（2）印章刻制部门不归口、不归档，随便就可以刻章。

（3）缺少印章管理的规章制度，印章使用前无审批流程。

（4）印章管理人员对使用印章材料缺乏复核。

（5）印章保管者让印章离开自己的视线、让他人代为盖章，或在没有监管人的情况下允许他人携带印章外出。

（6）缺乏印章使用台账，无法追溯。

（7）印章保管制度不健全，无保管责任人，无抽查制度，印章丢失或被盗后也无法及时发现。

（8）允许挂靠单位使用公司印章，一旦挂靠单位出现问题，企业就要承担相应责任。

（9）发现印章仿冒后，未采取正确的应对措施，放任风险发生。

那么，针对上述九点主要问题，应该建立哪些管控举措呢？

（1）建立日常保管制度。分级保管的制度，专人负责集中保管，独立封闭保存空间（如保险箱），明确保管人职责并在制度及培训与岗位职责内写明；建立印章日常抽查制度，保管人对用印文件确认一致性的责任。

（2）职权分离。将法人章保管人与公章保管人分离，建立重要合同或文件（一定金额或重大事项）需同时加盖法人章与公章制度，避免公章管理人员与销售或采购人员身份重叠。

（3）严控风险。印章管理人签订明确印章管理岗位的法律风险防控职责的岗位承诺书，建立日常多部门互斥的印章管理抽查措施。

规范证件和执照的使用和保管

对一家企业负责管理证照的人员来说,需要管理的证照可能包含了经营证照、资质证书、资格证书、发明专利、与资质有关的个人证件等证照。我们只有学习识别风险和碰到问题如何处理,才能做到心中有数。

一、证照分类

常用分类方式:按证照性质分类(经营性、资产性、荣誉性或资质性)及证照类型分类(营业执照、税务登记证、法人一证通等)或按平台分类(××公司、××子公司、×××项目)等。

在分类的基础上,根据档案管理规定,按分类进行存档及保管。

在分类表的基础上,设置各类提醒,避免错过证照的更新、年检、换证或延期等工作。

二、使用权限划分

风险描述:

(1)涉密资料如未划分使用权限,容易发生超密级使用或泄密情况。

(2)证照电子版无序使用或外流,造成泄密或管理风险。

建议措施:

(1)参考公司密级管理规定,制定相应的使用、浏览权限。

(2)指定电子档案的保存和对外使用规范、电子档案加水印及加密(不能打印或复制)。

三、证照问题遗失及处理

风险描述：

（1）日常借用过程中，发生不明不白的遗失。

（2）日常管理过程中，发生不明不白的遗失。

建议措施：

（1）证照及资料由专人负责统一保管。

（2）对于借阅、借用、复印证照资料的登记，应填写统一表单或电子流程，写明事由及拟用证照资料名称、归还期限等，并经上级同意的签名或流程，再办理实物交接手续。

（3）凡借阅、借用证照资料，必须设定提醒，催促借用人在申请日期内归还，不能按时归还的应请延期，必须重新申请。

（4）归还的时候，应该按表单登记或流程信息，核对完整后，再办理实物交接手续。

四、证照的保管

风险描述：

（1）保管不当，造成损失。

（2）未及时进行证照的更新、年检、换证或延期等工作。

建议措施：

（1）如发生人员的调动、离职时，必须严格交接转移手续，做好相应的交接工作和交接表格。

（2）使用相对独立的保管空间，如保险箱等。比如，多家公司的证照放在一起时，应使用档案袋或档案盒等进行物理分割，并在档案袋或档案盒上注明内容，以便随时清查。

（3）如果是合伙制的公司，建议不要用创始团队内的某个人保管证照，避免因纠纷导致创始人不归还证照引起的法律纠纷。

从入门到专业，档案管理工作基本要求

档案管理工作对一家公司非常重要。但往往很多公司比较重视证照章的管理，而忽略对档案的管理。对于各类归档文件，往往存在"做得好没人称赞，做得不好没人提议"的窘境。

下面我将从实际操作的角度，谈谈行政管理人员如何做好公司的档案管理工作（以下的步骤均可根据实际情况调整先后顺序）。

一、建立一套符合公司业务需求的档案管理制度或流程

1. 档案管理的制度和流程

建立档案管理规章制度的主要途径有两个，一是根据现有流程、表单等整合成档案管理制度，二是参考成熟企业或国家规范制定相关档案管理制度、表单及流程。

如果参考国家相关规范，档案管理相关制度的颗粒度可以细分如下内容。

《归档制度》《档案保管制度》《档案资料查阅利用制度》《档案鉴定销毁制度》《档案统计制度》《档案移交制度》《档案保密制度》《重大活动档案登记制度》《档案工作"三纳入"制度》《档案人员"四参加"制度》《档案室安全管理制度》《档案库房管理制度》《档案安全应急处置方案》《计算机档案信息网络应急处置方案》等。

但这些全部套用，其实没有任何意义，我们往往需要从档案的分类、归档、登记、保管、借阅及应急预案几个方面来考虑具体的规章制度、流程及表单。

2. 档案管理的具体实务工作

对于档案来说，首先要做分类整理。所谓的分类，指的是对档案的类型进行分类、组卷、排列、编号及编制目录等具体工作。在正常情况下，行政管理人员负责的档案工作往往是接收文书部门和业务部门提交的各类文件、材料、证书、证照章等档案，按照归档要求组好的以"件"为单位的各类档案，并根据档案存放和管理的需要，进行有序的排列，从而便于后续的保管及检索。

一般来说，需要在半年或一年左右，对档案中已不具备保管价值或不便于保管利用的档案（如超期的人事文件或财务文件等），应该按照公司相关规定对其进行处理；对某些因为保管问题影响保管品质的，需要行政管理人员做再加工，如档案盒爆开之类的；对编码体系或归档体系根据业务需求进行调整。

在档案管理中，大家往往对分类问题比较头痛。事实上，最实用的档案管理分类可以分为两种。

一种是按照保管年限—编制年度—机构—科目分类—流水号来做。这样做的好处是可以对不同保管年限的档案进行分类，适合人事及财务档案等时效性强的档案管理。

另一种是按照科目分类—保管年限—编制年度—机构—流水号来做。这样做的好处是在做档案分类的时候，更加清晰，便于查找。

当确认分类方式后，就要形成正规的分类方案，并对相关类目的定义、所指的范围和归类方法等进行说明及举例。

3. 档案管理工作的技巧

现在，我们重点介绍一下做档案管理时的一个小技巧——档案的合理排布。合理的档案排布有利于提高档案的查找效率。一般的做法是将档案按分类方式分门别类地进行存放，到需要查找的时候，按照档案管理文件内记录的柜号、列号等索引信息进行查找。

其实更加方便的是，按照分类从低到高的原则来排布（排除流水号）。比如，你如果使用的是编制年度—公司名—部门简写—科目分类—流水号的分类方法，那我们未归入长期档案的档案就可以按照科目分类来进行排布，这样方便我们日常的查找和归档工作。如果是已经要封存的长期档案，那自然是按照从高到低的原则来进行排布了。

二、针对证照章及归档文件，根据公司情况选择合适的保管场地

无论你想把档案管理做得多好，一定要记住一点：档案设备设施建设的基本原则——适用性原则。简单来说，就是从企业实际场地和业务需求出发，以最大限度地维护档案的完整与安全为前提，设计合理的保管方式及区域来方便行政管理人员对档案的保管、利用及维护档案的完整性。

这里有两个要点需要注意：一是保证档案在我们保管的过程中不发生缺少、遗漏、分割、破损等情况，二是提供的场地在我们保管档案的过程中能防止档案内容外泄，同时对我们管理档案来说比较切实、方便。

如果你所在的公司强调档案管理，那可以留心看看档案室是否三室分离。何为三室分离？就是档案管理的人员工作室、档案借阅室及档案存放室分离。实在没条件的，工作室和借阅室可以合并，但档案室一定要独立。

此外，还有一些需要特别关注的细节。

（1）档案室的地面是否有做过垫高处理用来防潮和防止淹水。一般档案室不建议设置在地下室或顶层，否则太容易漏水。

（2）是否符合十防标准（防潮、防水、防火、防盗、防阳光照射、防紫外线照射、防高温、防尘、防污染和防有害生物）。

（3）是否有利于档案的保密，独立门禁，内外监控，安装防盗窗及开启报警（如有窗户）等。

（4）现在企业内部大型档案室普遍使用密集柜，因此楼板的承重要提前算好（正常的档案库房建议静荷载在500千牛/平方米以上。采用密集柜的话，建议承重至少不低于1200千牛/平方米），并且尽量在没有梁柱的房间内设置，用来提高使用效率。

（5）档案室内最好不要有管道之类的穿过，水平线槽、通风管、空调管、消防水管之类的都是大忌，上下水立管不应安装在与档案库相邻的内墙上。

（6）档案室内最好配备二氧化碳灭火器，这样就算着火也不容易损坏档案，当然喷口不能直接对着档案。

（7）档案室内的灯光建议采用防爆灯，档案室的电源开关应设于库房外，空调设施应单独设置配电线路，地面有条件的要做一个漏水报警装置。

三、选择有耐心的人来做档案管理工作，并定时抽查

说到底就是让合适的人做合适的事情。一般企业的档案管理无外乎两点。

一是细心及认真。档案管理是标准的过程决定结果的工作，如果档案管理者能沉下心按相关规定完成档案的全过程管理工作，那么档案管理就不容易出错。

二是能坚持原则。档案管理对密级要求很高，因此要求管理人员严格按照流程办事。否则，档案管理的风险会增高。

现在我将从一个档案管理员的通用职业描述给大家看一下档案管理工作的具体要求。

（1）切实做好档案的收集、分类、整理、编目工作，保证档案的齐全完整，提高案卷质量，力争达到标准化、规范化的要求。

（2）保持库房的整洁卫生，档案案卷排列有序。认真做好档案"十防"工作，坚持做好温湿度记录及湿度调控工作。定期检查档案保管情况，经常核对档案资料，做好记录，及时处理档案保管、保护方面的事故，保证档案的完整与安全，最大限度地延长档案寿命。

（3）不得利用工作之便私自摘录、擅自为他人查阅档案，不得向外传播和介绍档案、资料内容及存放位置等情况。

（4）严格档案借阅制度，健全手续，做到万无一失。

当然，合理的监督机制能保护执行者的安全，让业务更好地运转下去。所以，安排人定时抽查很关键。

不用分身乏术，轻松搞定来访、办公用品领用及快递管理

对于采用在线系统管理访客、快递及办公用品领用，很多从业者都非常认可，但不清楚系统内应该具备哪些功能。接下来，我将说明这些系统应该具备哪些功能，以便读者挑选合适的系统，从而不用分身乏术，轻松搞定来访、办公用品领用及快递管理。

一、访客管理系统

访客管理一般分为三个类型：手工登记来访人员信息、初级的访客系统和更先进的访客系统。在实际操作中，具体选哪种类型，需要看实际需求。

1. 手工登记来访人员信息

● 具体操作：前台或安保人员确认来访人员信息后，安排放行。

● 适用场景：适用大部分的办公场景，也是中小型企业、工厂等最常用的措施。

● 优点：无须部署任何设备，无设备投入成本。只要做好一线人员的培训及管理，就可有效做好来访管理。

● 缺点：

○ 访客登记效率非常低，如果遇到访客高峰期，就会给访客的观感比较差。

○ 做得好坏全靠个人，如果没做好人员的管理和培训，就容易出现各类问题。

○ 数据统计及追溯比较困难。如果想查找某一天的记录，只能靠前台手工查找，费时、费力。

2. 初级的访客系统

● 具体操作：部分供应商提供的自动化访客管理系统方案，可以让访客在现场通过客户端自助登记信息，被访者确认访客的身份后自动开放通行权限，访客持系统发放的证件/访客卡/二维码来通行。

● 适用场景：只要访客系统能与门禁系统对接的地方，均可使用。

● 优点：这样的系统可以简化登记流程，同时减少接待人员的工作量。

● 缺点：

○ 若访客较多，需要排队使用客户端时，若被访者未及时确认，访客就需要长久等待。

○ 如果不能与门禁联动，这套系统将无法正常运行。

○ 在很多场景下，这套系统往往还是靠人在管理，而不是靠系统在管理。比如，某高档写字楼就是微信扫码，然后前台在电脑确认（这一步的审核力度几乎为零），收到二维码后，扫码通过门禁闸机进入大楼。通过闸机后，基本可以随便通行了。

3. 更先进的访客系统

● 具体操作：基于人脸识别技术或者访客机，能在OA系统内有访客信息录入的端口。被访者录入访客信息后，访客到访即可通过终端机甚至直接刷脸开门，并同步通知被访者。

● 适用场景：访客比较多的、需要这类设备提高公司格调的、行政架构需要优化的、新装修的办公楼准备一步到位的。

● 优点：结合监控、门禁之后，应用场景就多了。这样的系统也非常先进，还能节约人力。同时，还能降低访客不受控对办公室安全的影响。

● 缺点：价格贵，一套系统可能需要几万元。而且一旦你要加上人脸识别、访客追踪之类的功能，价格可能会更高。

二、办公用品管理

有些月度办公用品采购量在2000元以内的行政人员，往往觉得办公用品没什么好管理的。但其实，一方面这是个工作习惯的问题，另一方面行政的费用往往也是

第3章 夯实基础：规范企业日常办公支持事务

在点滴中花出去的，如果不做好管理工作，就很容易造成公司资源的浪费。

办公用品管理可以分为几个模式，具体看实际需求。

1. 手工记账或Excel记账模式

- 具体操作：通过手工记账或Excel记账的方式来做办公用品的进出库、库存、领用管理及最后的数据分析。
- 适用场景：适用于月办公用品采购量在2000元以内的企业。
- 优点：方便，而且可以让行政人员显得比较忙碌。
- 缺点：管理效率不高，时间花在了重复性非常高的事务性工作上。
- 改善点：可以做零库存模式，就是找家可以隔天送货的供应商，以供应商提供的清单作为进出库单据。

2. 借助ERP或OA等软件进行管理的模式

- 具体操作：在ERP或OA内设置了一个办公用品的模块，用手工或扫码枪之类的做进出库管理，同时做好库存管理和数据分析。
- 适用场景：适合有ERP或OA的公司。用钉钉的话，也可以用第三方软件解决这个需求。
- 优点：通过合理的流程结合系统，可以有效地降低库存量及劳动强度。
- 缺点：首先你得有个系统才行。另外，还需要专人来进行管理。
- 改善点：主要工作量及控制点在出入库阶段的操作。如果量大，则可以考虑采用分布式的仓储模式，在前段设置小仓库，连接系统做出入库的工作，将集中式大批量出货改成定时的细水长流式的进出库模式，有利于降低错误率，提高工作效率。也符合"大中台、小前台"的模式。
- 注意点：如果使用系统，那么整体流程的设计就很重要，定时的优化也很重要。

3. 自动贩卖机或文具自提柜模式

- 具体操作：这是一种零库存的变形体，需要针对日常办公用品使用情况做详细分析，随后通过自动贩卖机的模式来解决行政发放文具及文具库存的需求。
- 适用场景：每台自动贩卖机大概能支援100~150人的文具量，具体数量根据人数及楼层安排。

- 优点：如果产品设计得合理，可以大幅度地降低行政人员的文具发放工作量及库存量。
- 缺点：
  - 目前还比较少有供应商能提供这样的服务。
  - 不管是自动贩卖机的模式，还是文具自提柜的模式，都存在SKU（库存保有单位，泛指一款商品。比如，同样的晨光水笔，黑色水笔是一个SKU，红色水笔是另外一个SKU）少的事实。如果行政供应商不给力，再加上有紧急需求时，响应速度就会非常慢。
- 改善点：适当的库存管理的基础是数据分析。

三、快递管理

从数据分析来看，很多公司每天前台收到的私人快递远大于公司快递。由于公对公的重要快递，收件人往往会提醒前台或行政注意，避免丢失。但私人的快递，尤其是网购节之类的大促，一旦一堆快递派送过来，就特别容易丢件。

同样的，快递的管理有几个模式，可供大家参考。

1. 小公司不走月结时

- 具体操作：每天的量非常小，前台随时通知员工取件或同事互相告知领取即可。发快递时，不要走月结，尽量让员工自己报销。
- 适用场景：每月快递费不到2000元的公司。
- 优点：行政人员的压力比较小。
- 缺点：对公司而言，这种方式对寄快递其实缺少管控。如果能签月结就需要系统设法与快递公司对接。

2. 当你的快递开始走月结后

- 具体操作：
  - 丰巢、集中快递区域或定时收集快递等都是一种解决方案。
  - 如果你使用钉钉，那么可以直接装个快递管家来解决快递的收发问题。
  - 如果不使用钉钉，那么可以申请一个菜鸟驿站，也是个非常不错的解决方案。

○ 如果公司规模够大，可以设立一个收发室，类似腾讯还在OA内集成了快递收发系统。

● 适用场景：快递管家适用于月快递费用超过2000元的公司；菜鸟驿站之类的则是每天有上百件的快递收进来的情况；收发室的话，那就看企业规模及场地了。

● 优点：不管采用哪种措施，都是为了减少行政人员的管理压力，让快递管理更加有序化。

● 缺点：不管是系统，还是收发室或者其他模式，都不能缺少人，人的因素都是效能的主要影响点。这几类对前台等实操人员的培训和培养必不可少。

要想做好快递管理，离不开人员素质、系统及数据分析这三个方面。做数据分析可以从快递公司、日流量、人员及部门流量四个方面分别做统计。统计这些数据的目的是提高处理快递的效率。为了提高处理效率，我们还可以通过制订规则、优化收发流程来进行。比如，"双11"前可以预测的快递爆发期，如何做好快递的分流及疏导，就可以通过数据来进行分析和预测。基于数据做出的解决方案才更具备操作性和可控性。

四个问题,帮助提升差旅及费用管理效率

关于差旅及费用管控,让我们来看几个问题,并基于此梳理出我们的管理理念。

1. 为什么行政人员要做差旅管理?

(1)因为差旅费用占行政费用类支出的比例很高。在小公司,有时候差旅费用能占到行政费用类支出的20%,甚至更多。如果我们能通过适合的差旅管理手段,合理降低费用,那对行政费用的影响是非常可观的。

(2)因为差旅费用报价比较混乱,所以需要通过管理来增加透明度。日常行政人员在订票时最容易被挑战的场景就是,同一张机票,通过不同平台订购,大概率会出现差价的问题。

(3)因为专业度要求。差旅管理是集合了供应商管理、需求管理、费用管理等的综合管理。在中小型企业,差旅管理可能更加偏向费用管理,在大中型企业,差旅管理可能更偏向于需求管理及费用管理。我们只要抓住企业的需求,就能有的放矢,让管理工作更加专业。

2. 为什么差旅管理要控制费用?

在差旅费用的管理模式上,一般分为三个阶段:粗放型差旅模式阶段、初期的差旅模式阶段和平台化的差旅管理模式。

(1)粗放型差旅模式阶段

这主要发生在中小型企业,其主要特征是员工自己预订机票、酒店等。一方

面,这个时期企业主要的目标是拿到业务后活下去,因此对差旅之类的问题往往本着简单化、便捷化操作来执行。另一方面,就算建立了差旅制度,在实际操作中人们往往也不太会特别严格地去执行。另外,这样的操作模式特别适合小企业,哪里有业务,员工直接过去就好了。这么做更加灵活,而差旅流程在某些方面反而还会影响反馈效率。

但这样的模式会带来两个问题:一是员工垫款支付的问题,有些公司是员工先借款后报销还款或冲抵,有些公司是员工自己先掏钱后拿票报销,万一费用有瑕疵,报或不报都是问题;二是企业没有办法严格监控政策的执行,公司负责人也无法区分哪些差旅开支是合理的,哪些是虚高的。

(2)初期的差旅模式阶段

这个阶段的企业可能已经建立了差旅制度,并且开始通过中小型的票务代理公司进行订票、订酒店等业务。在这样的模式下,对企业管理人员而言,最大的风险有两个。一是中小型票务代理公司的价格不透明,容易带来道德风险及公司额外的费用支出。二是财务管控困难,这里的管控指的是数据分析及追溯,从而让行政人员无法清楚、直观地获悉公司整体差旅花费、差旅费用有无波动等有效信息。随着钉钉这类系统的发展,这个阶段往往很快就跳转到第三个阶段去了。

(3)平台化的差旅管理模式

以往这类管理模式往往属于大企业,就是类似携程这样的专业公司为企业提供专业的差旅管理服务,帮助企业找到差旅流程、成本控制以及员工满意度的平衡。这类需要专人对接的服务,对于中小型企业来说,费用不少,维护成本也高,对IT系统也有一定的要求,所以基本上很少选择。但现在用钉钉之类的系统软件,我们可以很方便地接入阿里商旅这类第三方平台,从而几乎可以零成本地享受包含差旅申请、审批、预订、授权、支付以及后端报销在内的全流程的闭环式服务。

3. 如何判断一个差旅平台是否适合自己?

(1)部署是否方便

关于这一点,我们可以从以下四个方面来进行判断。

- 如果要上差旅平台,这个问题一定要想清楚。是否便于部署,是否涉及信息安全，如何对接内部的OA系统，这些往往要和价格优势、附加服务一起考虑。

- 这个平台是否能随意设置差标、强弱管控等参数。好的差旅平台可以很方便地调整差标、设置审批流程及费用的强弱管控措施等。
- 你是否能很方便地看到实时的费用数据，能提供低成本或免费的数据分析（交叉分析或至少四个维度的交叉分析）及报表导出功能。
- 当你的公司要放弃这个差旅平台时，切割和清算是否方便？很多差旅平台通过开放端口等方式和公司的OA直连。如果切割后没有及时关闭的话，则往往容易导致信息安全风险。

（2）服务是否有优势

这里可以从以下七个维度来判断。

- 协议价格是否便宜？比你自己去签是否便宜？是否能经受得起员工线上与线下的比价？是否有隐藏的费用？是否会引导消费？
- 是否提供实时的数据？大部分的差旅控制都是所谓的事后控制，即费用发生了，你发现问题再去分析问题点和解决方案。如果平台提供实时的数据，那你就可以将很多问题消灭在摇篮阶段了。
- 默认提供的差旅分析，是否对你有价值？很多行政人员其实对数据分析一知半解，如果平台供应商能提供有价值的差旅分析，通过数据记录来推动差旅管理和流程审批的优化，那么就可以协助行政来控制差旅成本。
- 是否能提供个性化的差旅服务方案？比如，退改签是否直接在线上完成，是否能提供有竞争力的签证服务（如合适的费用、高出签率等），是否可以按人、组织或公司设置不同的差旅控制方案等。
- 人工服务还是聊天服务？就算人工服务有诸多不好，但在紧要关头，人工服务往往能更快地帮旅客解决很多差旅中碰到的问题。如果是纯APP或聊天客服，一方面体验感会差很多，另一方面解决问题的效率往往也更慢。
- 附加服务及收费标准。除了差旅服务外，是否能提供其他服务？签证、游轮、员工出游优惠、公司旅游、团建等。重点要有价格优势。
- 是月结、现付，还是预付款？这也是一个考虑维度，因为毕竟月结的话，行政人员不用关心还有多少预存款。现付的选项其实是针对员工自费部分的。预付款是很多平台针对中小型企业的，这样的模式，使得行政人员要稍微关心一下余额了。

4. 我们在日常差旅管理中可以优化或关注的点有哪些？

（1）制度层面

- 在有OA的前提下：

  ○ 出差申请时直接根据填写的预测费用锁定部门预算。

  ○ 预订时，关联的差旅平台根据公司差旅标准自动推荐机票、酒店等信息。如果要超标准预算，则需授权人（如差旅协管员）确认才能预订成功。

  ○ 员工报销时需关联出差申请，在领导审批时，提醒预算使用情况及与申请的偏差度。

  ○ 员工出差变更的，可以在OA上填写，并在报销时自动要求进行变更说明。

- 在没有OA的情况下：

  ○ 员工机票需在携程等大型网站上预订，并提供行程单、机票等作为报销依据。

  ○ 酒店必须提供酒店盖章的费用清单，清单与发票一致，作为报销附件。

  ○ 如发生出差变更的，则需有邮件确认或在报销单内说明原因，经领导签字确认后才能报销。

（2）系统设置层面

- 预算冻结。预算冻结是个很有用的功能，在出差申请的时候预冻结预算，有利于预防超总体预算。这里的预算可以按项目、公司、月度、季度、半年度，甚至是全年或其他周期设置。

- 流程召回。如果发生流程没有走完，但行程发生变化的情况，可以召回流程直接重新提交，减少重复劳动。如果流程已经走完了，则可以选择直接召回再走，也可以在出差完成后，确认实际出差时间时更新时间及预算。

- 可选择强控制或弱控制。比如，一般情况下，应乘坐最便宜的经济舱。如果不是最便宜的，要再审批。但如发生陪同重要客户的情况下，强控制就还是只能坐经济舱或员工自己买了机票后再报销。弱控制则有一定的审批规则，经一定审批后，可以超越级别预定。

● 整个差旅预定流程的时效性。大部分的商务人士在预订机票时要花费30分钟到1个小时，主要原因是不知道选择哪个时间段或寻找自己有会员的合适航班。如果我们在系统设置的时候，就能考虑到这一点，其实可以有效地减少选择时间。有些数据显示可以将平均预定时间降低到15分钟内，这样对差旅预定这件事情来说，提高的效率就非常可观了。

（3）费用管理中需要关注的重点

● 关注出差日期为非工作日的情况。正常来说，大部分的商务人士都会选择在工作日出差，如果有员工一直出现在非工作日出差的，那我们就需要核实一下，是真的太辛苦了，还是别的情况。当然，如果有系统来协助是最好的；如果没有，我们行政人员就要养成定时回顾的习惯。

● 关注出差回程最终目的地调整的情况。比如，从上海去北京出差，结果回程是从北京到四川，再从四川到上海这样的情况。这有两种可能，一是正常的行程调整，另外就是有其他原因了，如果有事先确认（邮件、OA或报备）的就没有问题；如果没有原因，那我们就需要提高警惕了。

● 关注差旅费报销金额为100的倍数情况。正常来说，机票、酒店、吃饭等费用出现100的倍数的概率非常小。如果有，我们在做费用分析的时候，一定要非常留意。

● 关注一定周期内多人差旅费相等或非常相近的情况。这个和上面的理由是一样的，具体还是要通过数据才能分析出来。

● 关注住宿发票尾数为奇数或者单间房费为小数的情况。正常的情况下，酒店不会出现这样为奇数或带小数（一般都四舍五入了）的收费情况，所以在获取数据后做分析的时候，务必注意数据的实际情况。

全过程剖析大型会议策划与实施

作为行政管理人员,筹办会务保障、会议组织等相关工作肯定是必不可少的。那么,如何才能组织好一场会议,有哪些重点环节需要关注呢?相信这也是大家比较关心的问题。下面以一次安全工作会议为例,和大家一起探讨一下如何做好大型会议的整体策划与把控。

一、会议策划

首先,我们要把握好会议策划的三个关键环节:会议主题、会议时间和会议议程。确定好这三个环节,会议的雏形基本就形成了,后续就是围绕这几个环节去做进一步的深化。

会议主题一般包括两类,一类是比较例行的,也就是基本每年都会召开的议程,如年度工作会、安全工作会、经营分析会等;另一类是比较随机的,周期不固定的,如战略合作会、某某专题会等,也有可能就是老板指定的某个主题。确定好了主题,基本也就明确了各项工作准备的方向。我们再拿安全工作会议为例,会议的主题很明确,就是年度安全工作会。

会议时间主要结合老板的整体行程以及其他重要影响因素来安排,并同步沟通备用时间,做好时间变更预案,避免老板时间冲突时导致会议需要改期时措手不及。时间确定后可以知会其他主要与会人员,方便大家合理安排自己的时间。

会议议程更是重中之重。和老板沟通时要确定会议的大体议程安排。具体来说就是,哪个时间段开展哪项工作、由谁主持、谁汇报、需要哪些人员参加等,根据会议时间长短等决定是否安排茶歇、午餐、晚宴等。

会议策划完成后，就要开始会议的筹备与实施了。会议的筹备和实施主要分为三个阶段：会前准备、会中管控和会后总结。其中，会前准备是非常重要的阶段，会前准备越充分，后续过程就会越可控、越顺利。这三个阶段的所有工作安排都会形成工作清单，有明确的工作事项、责任人、完成时间等关键信息，后续的工作都会通过这些清单去实现总控。

二、会前准备阶段

会前准备阶段，包括会议信息统筹和会议材料准备两个部分。

会议主题和时间等信息确定好后，需要拟定会议通知并发布，告知大家相关的会议信息及提出相关的会议要求，如与会人员名单收集、会议材料要求等。与会人员名单收集的目的是便于后续精准通知和会场座位布置。

待会议信息统筹之后，就进入会议资料的准备阶段了。

一般的会务保障不涉及会议资料准备。但如果是自己组织的会议，会议资料准备就是重头戏了。会议资料包括领导发言稿、主持稿、各部门汇报资料等。针对不同的资料，需要有不同的应对策略。

领导发言稿有两种准备方式：一种是领导已有大概想法，通过与领导就会议主题的探讨，基本就能梳理出发言稿的大纲；另一种是基于过往对领导关于主题相关意见的积累，自己先梳理出主要大纲，然后和领导沟通看是否符合领导要求。实际工作中以第二种方式居多，因为这样更能体现自己工作的主动性。在确定大纲后再对材料进行细化，补充相应数据、依据资料等，最后和领导完成材料确定。

主持稿要模拟现场环节，写出各个场景下的串联词。首先要对整个会议材料有大概的了解，因为主持人需要串起整个会议议程，需要对下一个环节内容进行简要介绍或是对上一个环节进行简要总结。虽然主持人往往会有很多临场发挥的时候，但在准备的时候还是不能马虎，要把最基本的工作做到位，就算主持人不临场发挥，也能照着主持稿顺利完成整个会议的主持工作。

具体到各个部门的汇报分享材料，一般由各部门自行组织材料编制，但应对会议材料做出一些具体要求，如安全工作会要求各部门对上一年安全工作进行总结、面临形势分析和主要问题分析、下一年度的主要工作计划等。此外还要约定材料的最晚提交时限，注意格式、版本等，最好提前在会议电脑上播放、查看一下，以确保PPT的版本兼容等没有问题。

还要注意准备的会议资料就是会场背景PPT等资料。

三、会前准备：如何内外兼修开展会场布置

会场布置可以从会场内、会场外两个方面去准备。

会场内的布置需要结合场地和会议特征，以及参会人员的数量。本次的安全工作会就在公司内部的大型会议室召开，会场座席主要分为领导座席和普通座席。

领导座席在会场最前端，单排布置。

领导铭牌，也建议提前制作备好。当有领导未确定是否参加时，建议也可以把铭牌提前做好，毕竟撤掉可比临时去准备方便得多，而且也没有多少成本。

普通座席由于人数较多，要结合门的位置，按区块布置。区块不宜太少，否则会场会给人很零散的感觉。区块也不宜太多，否则人员不方便通行。人员就座可按部门编排，并摆放好铭牌。会议通知中也可以放上座位布置图，以便于开会时大家可以迅速找到自己的座位。

考虑到无纸化会议的趋势，会议资料大多通过邮件等电子形式发送，因此会场座位必须准备好插座，以便为笔记本电脑提供电源。

此外，还需要考虑会议现场的资料布放。每个座席上可配置的资料和物品包含但不限于会议议程、笔、纸、支装矿泉水/茶杯（一般领导坐席配置茶杯，其余配置支装水）及薄荷糖等。

接下来是会场外的布置。会场外的布置主要包括会议主题相关内容展示及茶歇等。

四、会前准备：如何围绕三大主线做好现场保障工作

会议现场保障工作主要包括三个方面：会议配套设备保障、现场硬件配套保障和现场服务保障。

1. 会议配套设备保障

会议配套设备主要关注会议电脑、麦克风、投影仪和音响等。会议电脑一般比

较可靠,不过为了以防万一,还可以提前准备一台备用笔记本。会议所有需要投影或播放的资料,都应该提前在会议电脑上试播,确认无误方可。

会议投影仪、音响、座麦一般提前做好调试即可,为了保险起见,也要提前备好无线麦以及电池等,甚至是备用的移动投影仪。

2. 现场硬件配套保障

现场硬件配套主要关注空调、照明和消防设施等。空调需要提前做好现场的温度和风速的调试和设置,重点检查领导座席区是否会有空调风口直吹等情况,确保现场处于一个舒适的环境。也需要提前检查照明,看是否有损坏的灯源。另外,需要关注投影位置的照明情况,不能太亮,否则会影响大家的观看效果。至于消防方面,因大型会议人员众多,需要检查和确保消防通道畅通等。

会议保障,除了行政人员自己外,还会涉及合作商的支撑。根据会议时间的安排,一般会提前组织物业公司或是分包专业维护商提前制定会议保障方案,主要包括各阶段保障详细工作的清单、应急预案、人员安排等。

3. 现场服务保障

现场服务保障主要关注现场服务人员的配备、服务标准的确定以及现场应急预案等。常规会议现场服务主要是茶水添加和茶歇处理,多长时间添加茶水,添茶的顺序、标准手势,茶杯印擦干等细节都应提前明确下来,并做好服务人员的培训工作。如有颁奖等环节,还需要提前确定好服务人员数量、熟悉奖品等类型、明确奖品递给哪位领导等。

现场服务保障中的一个重要方面就是应急保障,要提前预估可能发生的异常情况并做好准备,防止出现如电脑播放不正常、麦不响、照明不亮等情况。

五、会中管控:如何紧抓重点确保会议有序推进

在一切准备就绪之后,将迎来会议的召开。会议现场管控的重点就是让会议按照预定的方案和程序执行,如出现意外情况,也能按照应急预案或是临场应对让会议走上正轨。行政管理者可以从会议开场管控、会议过程管控和会议时长管控几个方面来重点把控。

会议开场首先从迎宾和签到开始。如果会议有上级领导或外部嘉宾参加,就需

要有清晰的指引，如车牌识别通行、路线指引、停车指引、前往会场指引等，确保其能顺畅到达会场。并且需要和相关人员（如领导的秘书、外部嘉宾对接人等）密切联系，及时掌握上级领导和嘉宾的行踪，并提醒领导及时迎接。

会议签到，在传统纸质表单签到的基础上，可进一步考虑扫码签到、人脸识别签到等信息化形式，提高签到效率，避免一堆人拥堵在会场门口等待纸质签到，进而影响入场和会议开始。

会议过程管控，主要关注会议秩序管控、会议材料的播放管控和特殊环节管控几个方面。

为了维持良好的会议秩序，需要行政人员在发布会议通知时和会议开场前提醒大家关于会议的注意事项，如手机要处于关机或是静音状态、不要随意走动、不要交头接耳、不要从事和会议无关的事情等。

会议材料的播放管控，需要安排人员专门负责，什么时候应该播放什么材料都需要列出清单，逐个对照执行。如在会议签到和入场阶段播放暖场视频，人员入座和会议开始前播放背景PPT，主题汇报材料与背景PPT的切换等，确保整个过程的展示能够做到无缝衔接。

如会议还有安排颁奖、签订责任书、授旗等特殊环节，则需要安排相关人员提前做好彩排，沟通好相关的细节，如领奖人什么时候需要在外面列队候场、什么时候开始上场、合影时如何站队等。

会议管控，另一个重点就是会议时长的管控。谁都不想因为会议拖堂影响正常的下班或是吃饭，但往往各汇报人或是演讲人又很难准确地控制自己的时间，这就需要我们对会议时长进行管控。

六、会后总结：通过总结经验教训实现闭环管理

面向与会人员及公司其他未参会人员，需要将会议工作要求尽快下发，面向会议组织和相关方，需要组织全过程复盘总结。

开会的目的是通过会议达成一定的共识，如达成某项协议或是宣贯某些工作要求。会议结束后，需要尽快将会议的精神和要求传达下去，便于各单位各部门迅速学习落实。

很多人会等会议结束后再来整理撰写会议纪要等文件，其实这项工作应该在会前准备阶段就做好，因为领导的各项要求已在讲话稿中基本明确，再结合会议现场情况，然后把领导的一些新增的要求梳理补充进去，就可以快速下发，从而节省大量的时间。

会议结束后，应组织相关人员召开总结复盘会。各模块负责人应先对各自负责工作进行总结和自评，然后由负责人进行点评和总结。

对于大型会议保障总结，除行政内部团队的总结外，最好能组织下属的合作供应商一起进行总结，因为最终大部分的基础工作都是通过这些合作供应商去实现的，所有的经验、教训也要纳入合作供应商的会议工作标准规范中去。这样的话，即便这些供应商有人员流动也能保证以后的保障服务不会受到太大影响。

每次会议都不可能尽善尽美，我们需要不断地总结经验教训，不断积累，不断迭代，确保以前出过的问题不再犯，使会议的筹备和管控工作不断完善。

第 4 章

提速增效：
做好企业采购与资产管理

手把手教你做好公司行政预算

每当到了一年一度做预算的时刻，很多人都会在线求助如何高效完成行政预算的工作。关于这一点，我有几点建议。

首先，我们来探讨一下，行政预算是什么？

预算是反应行政部下一年度工作目标和成果的数据化展示。一方面，行政的进阶中涉及数据化的思维，做预算和管理预算其实很有利于培养和训练数据化思维。另一方面，如何让你的预算做得专业和漂亮，让老板眼前一亮，体现出行政人员的专业性。因此，如何做好预算就需要点儿经验了。

通常，预算的基准确认中需要注意的重点，一般会先列一张清单，主要有以下内容。

（1）和财务确认今年的预算基准值（财务这里预计能给多少钱）。

（2）和老板汇报下一年度的主要项目及支出（除了固定支出外，还能申请多少钱）。

（3）今年的最终预算使用情况及百分比（让自己的预算更加有理有据）。

（4）和关联部门确认一下中间地带的费用如何划分承担部门（预防预算和老板汇报好了，突然间划过来一笔预算要你承担）。

（5）明年的人员数量情况。

（6）在哪些费用科目内可以预留机动费用。

让我们来尝试分析一下列这张清单的目的。

（1）为什么要确认今年的预算基准？当然是为了知道公司能分配多少钱了。如果能知道这个数据，对你做预算会有很大帮助，毕竟预算草案提交上去后，肯定会修改，修改多少，还是得看财务指标。如果能提前知道这个数据，无疑你的预算草案会减少修改的次数，不是显得更加专业吗？如果无法知道这个数据，那建议你的预算尽量贴近今年的使用支出金额，机动费用放在易变的固定支出及下一年度新增的主要项目内。

（2）为什么要提前和老板过下一年度的主要项目及支出？首先，要让你老板了解你下一年度的工作重点，让老板知道你要干什么，顺便争取老板的支持。随后，通过老板的支持，你可以有理有据地增加费用，而不会卡在预算讨论会上，让你的老板面对你的预算简析而不知道有哪些内容。更重要的是，如果老板也感觉项目重要，他会为你去争取预算，而不是回来告诉你预算需要砍掉多少。

（3）今年的最终预算使用情况的确认过程很重要。一方面，你可以通过从财务系统中导出全年的费用使用情况来得知产生了多少费用，从而让你做下一年度预算的时候，有明确的数据支撑，同时更加贴近实际和专业。另一方面，还可以通过这个步骤追查是否有什么费用在没有经过你的情况下计入了行政部。

（4）说到中间地带的费用，即某些费用可以由A部门承担，也可以由B部门承担，最终以领导及财务部确认为准。这些费用都是建议根据今年度的实际经验，需要提前确认清楚的。责任和义务是关联的，如果费用归行政部门，那管辖权也必须要归行政部门。否则，这个费用如何使用，行政管理人员方面是失控的，不利于预算的管理工作。

（5）人事费用一定要提前和人事部的同事确认清楚。关于组织架构和人员数量，一定要提前和老板确认清楚后再做，不要想当然地直接做，万一明年要优化或者增加了部门管辖范围，或者增加人了呢？

（6）每次做预算都需要合理地预留一定的机动费用，这么做一方面是为了以防万一，另一方面能让老板知道能砍掉多少预算，方便老板进退。但需要注意的是，一定要足够合理，并提前和老板达成共识。

接下来，就是如何编写单个预算的编制基准了。

单个预算的编制基准的写法是有套路的，重点是要有理有据，让看到你数据的人对此很信服。

另外，可以适当地设置联动公式，比如，关于餐费预算，就可以参考以下的写法。

- 月度餐费= [HC×早餐餐标×0.6（就餐比例）+HC×午餐餐标×0.9（就餐比例）+HC×晚餐餐标×0.6（就餐比例）] ×(365天−133个休息日)/12个月。
  - HC：即规划人数，就是计划招聘人数。为什么不能用实际人数呢？因为实际人数变化往往较大，但是HC是年头就订好的数据，用作基准更可靠。
  - 餐标：即人均的餐费成本。比如说早餐的餐标是10元/人，就是你和餐饮供应商结算的价格，每增加一个员工去供应商这里吃了早餐，你就要支付供应商10元的餐费，对企业而言，就是餐标。餐标关系到员工能吃到什么样的食物。在具体规划的时候，除了要考虑往年数据外，还要综合考虑税金，供应商利润，实际菜价占比等数据，一般来说，员工餐费不能低于餐标的80%。
  - 就餐比例：即预计就餐人数与总人数的比例，一般根据上一年度的数据统计得出，如果暂无数据，则可以使用经典数据来测算，即早餐0.6、午餐0.9、晚餐0.6。

最后，如何检查预算中可能出现的错误呢？

（1）对Excel的公式要认真检查。尤其是联动公式，如果外部数据的引用不正确或者引用的位置不正确的话，就容易出现大纰漏。在Excel中，很多同行喜欢直接下拉、复制公式，这个时候Excel会自动将公式引用的单元格递增。但如果是个复杂的多单元格联动，就容易出问题了，除了事先规整好引用的数据外，还可以认真检查和参考去年的数据来发现问题。

（2）根据与今年预算使用情况来判断费用是否存在问题。比如，关于电费的预算，你今年预计要花1200万，结果你下年度预算算下来只有900万，那肯定有问题了，赶快检查公式或者预算基准。

（3）对于采用直线法摊销的固定资产，一定要注意资产剩余年限。行政工作中有的时候会有一些大额的类似装修、空调机组之类的固定资产，这些资产每个月的摊销金额还是比较大的，处理得不好会影响到2%左右的资产总额，所以不能忽视。

（4）可冲抵的费用，也要做入预算。有些同行觉得，可以冲抵的费用，如商铺的电费，我向商铺收取之后，财务会计入部门收入。用商铺店铺的收入可以冲抵掉支出,就不需要在预算内体现。但你要记住,支出是支出,收入是收入,这完全是两回事。

(5)仔细检查合同内的付款约定。比如,有些费用可能在合同中会按时间发生变化,那预算也需要根据这个来调整,类似租赁合同,如果你签订的是3+2的合同,那第4年开始你的合同金额就发生了变化,这时预算也需要调整。

三步走搞定行政预算管控

关于行政的全面预算管理的书籍很多。如果想深入学习的话，建议大家可以去参考《全面预算管理》这本书。

说到全面预算管理，很多行政人会觉得重点在"预算"和"管理"上面。其实无论是大企业还是小企业，行政更加关注的可能是在"全面"和"管理"上面。

一、"预算"不重要吗？

可能有行政人会有疑问：难道"预算"就不重要吗？

预算的重要性毋庸置疑。在一些大公司来看，预算是行事的底线。在一些小公司来看，预算是做事的基础。从实务来说，对行政而言，最终的预算数字更多的是讨价还价的结果，而不是基于对业务的精细化分析而制定的数据。

从公司整体而言，销售预算决定了公司整体预算的走向，因此行政如果要突破全面预算管理中"预算"这个层面的难题，则可以从了解销售预算着手，在大额类预算与项目类预算中，与销售预算进行互动，甚至是联动。这样一来，不仅可以提高预算的准确性，而且能使预算的基准更经得住考验。

毋庸置疑，"预算"很重要，预算需要和年度目标挂钩，与销售预算挂钩，这样才能让你的预算更加经得起时间的考验。

二、我们该如何"管理"？

从实操来看，我曾经经历过的大公司或者小公司，国企、私企或者外企，虽然对管理预算的手段和措施不同，但管理预算的本质是相同的，简单来说就是推动目标的制订，并在日常对这个目标进行过程跟踪，然后通过考核进行利益驱动。

从逻辑上来讲，预算管理的目标完成对应的是经济职责。比如，采购部门买到成本最优化的产品就是他的经济职责，行政部门为业务部门提供性价比最高的后勤服务或产品就是行政部的经济职责。由此就会引发两个问题：成本降到什么程度是最优呢？性价比到底多少才是最高呢？这就要靠全面预算管理来给我们界定经济职责的目标了。

为了理解这个问题，我们可以参考财务上的分类，将职能部门按经济职责划分为四类中心，即利润中心、成本中心、费用中心和投资中心。其中，行政部门是标准的成本中心，主要工作是花钱，那我们可以采用杠杆预算法。

因此，我们可以说，预算是一个管理工具。工具需要人来使用，预算管理能否成功，关键还在人。

预算管理有以下四个要素。

（1）责任人。就是责任到人的意思。

（2）指标。通俗来说就是投入产出，根据投入产出制定的指标是预算的基础。

（3）差异处理。如果实际与预算存在显著差异，我们该怎么处理？实质上是确认责任人是否尽职的问题。

（4）授权。预算其实是资源的一种分配，通过预算对授权进行明确，从而提高效率。

此外，我们还需要了解预算核算过程中的关键点。

（1）充分沟通。对标、调研、沟通、达成一致的预判。

（2）避免流于形式。及时、严格地处理差异。

（3）四个对齐。即口径对齐、标准对齐、数据分类/数据引用规范对齐、模板对齐。

总的来说，内控是基础，预算是主体，标准、流程、制度是预算管理的具体工具或载体。

我们行政制定或公司制定的各种标准、流程、制度是针对某项具体的业务的风控规范。

三、掌握做"全面"预算管理的关键点

（1）做预算是制订目标，全面预算管理要盯住你的目标而不是数字本身。

（2）预算数据的分析，核心可能在于如何将行政的数据化管理与企业的实际经营过程的数据相匹配的过程。

全面预算能否有效主要看预算执行中的过程控制，如何进行过程控制，有一点是必须重视的，那就是如何将线下的实际业务行为转变为线上的数据，并与已有预算数据进行对比分析，用来进行纠偏及作为管理层的参考。

（3）预算的考核需要贯彻刚性原则。在预算执行过程中，我们经常会发现，由于各种目的、理由或情况而使实际与预算出现显著差异，这时有些行政人员会开始强调行政业务的特殊性，以便有所推脱。因此，在预算考核的落实过程中，贯彻"刚性原则"就成了部门领导唯一的选择。

预算考核一方面要注重过程，另一方面要看结果，即把预算的过程管理和结果管理与公司的业绩评价有效地结合在一起。

预算是目标管理的体现，数据关联性分析是预算过程管理的核心，刚性原则是预算考核的基础。

效率兼顾内控，行政采购体系的建立与运营

对于行政采购，大家可能会说不就是买买买，报销报销报销吗？没错，行政采购的确可以这样描述。但是，如何体现一个行政人的专业性呢？

下面我从行政采购涉及的全周期（基础梳理—需求/请购—供应商管理—合同签署—验收—付款—库存管理—服务回顾—优化迭代）来梳理一下相关要点。

对采购部门来说，建立采购体系的目标是：形成战略纵深、提高计划性、加强风险管理、与最优秀的供应商建立战略合作伙伴关系。

对行政部门而言，建立采购体系的目标是什么呢？我觉得可以是：提高计划性、在合规的情况下与合适的供应商建立合作、减少行政的报销压力。

基于这个目标，我们按全周期的阶段选择重点来一一梳理相关工作吧。

一、基础梳理

（1）界面划分。在合规的前提下，与财务及采购负责部门就行政采购的类型、费用，尤其是供应商确认的流程进行确认。在行政采购中为人诟病的就是供应商的选择，就算是按流程选择的供应商，别人还是会有所怀疑。所以做好合规流程，是为了保护自己。这时签一些年度采购的合同或在京东之类价格特别公开的网站采购就显得非常有必要了。

（2）设定合理的费控目标。行政是成本中心，我们节约的每一分钱其实都能让公司的资源更好地得到利用，但我们的费控目标也不能设定得太过分，否则就没钱做其他服务了。因此我们需要设定合理的费控目标。比如说今年公司的目标是销售毛利率提升10%，做行政费控目标的时候，就应该包含采购综合成本降低10%，

综合库存率降低10%之类的目标,用来支持公司的整体目标。

(3)明确自己公司的定位。就是我们做行政采购的时候,需要分清你目前的公司处于买方市场还是卖方市场。另外就是要列一张表,确认哪些是对我们行政日常运营至关重要的采购项目或供应商,从而找到自己所在的位置。

(4)梳理及明确公司流程及部门间接口。做采购肯定不是一个部门或一个人的事情,其中会涉及三个细节。

- 与采购、内控及财务相关的工作流程是如何流转的。
- 在实际操作中可能存在的瓶颈问题均需提前预想(如付款、凭证、储存等)。
- 万一发生了问题,应该如何收集数据,收集哪些数据,收集数据后要如何做复盘。

(5)确认组织架构及岗位职责是否需要调整。如果将行政采购独立出来,那么就会涉及很多后续工作,自然要考虑组织架构及岗位职责的问题。

(6)行政类采购的策略、建议要提前规划好。是做库存管理采购模式,还是维持现有的低库存采购模式?是所有产品都需要做文章,还是集中力量抓大放小?

(7)除了提供产品,供应商还能为行政部门提供什么助力。这里的助力不是回扣或好处之类的,而是供应商能为我们行政目标的落实与执行提供什么样的支持。另外还要看行政人员本身是否能通过供应商的关系网提升自我,做人脉圈跃层。

(8)采购绩效该如何做。一般的采购绩效往往关注直接成本,但行政类采购其实可以增加对于采购流程优化及人员培养的权重。毕竟采购绩效的本质是推动行政采购这块业务的持续改善。

(9)因为合规而影响采购效率的策略。合规是底线,不能因为要效率而影响合规。做好采购风险和合规管理,本质上是对行政采购人员的保护。这里的风险管理与合规管理可能会涉及计划风险、合同风险、意外风险、违约风险、价格风险、责任风险、腐败风险等。在实际操作中,我们可以尝试从两个维度提升管控:一是增强采购过程风险控制,对关键流程、节点、文档等按照风控或内控要求,落实在相关制度于表单中,将风险外化于制度设计上,内化于过程管理中;二是借助财务与法务的力量。通过让财务或法务参与采购各环节的关键审核（评标委员会、预算审核、合同审批、付款合规审查等），以内控过程来降低风险，还可以将这些部门的合理建议作为改善的基准。

（10）无论做什么，得到上级的支持都特别重要。

二、需求/请购梳理

首先，我们要明确，需求不等于需要。员工需要什么，不等于我们就需要进行采购和支持什么。需要是力求获得满足的心理倾向，需求是一种有条件的满足。通常需求具备三个特点：有条件的、可行的和经过优化的选择。

在实际工作中，作为行政部门需要对需求进行甄别，从中选出合适的需求进行落实。但哪些是合理的，哪些是不合理的呢？我们可以把握以下的几个原则。

使用行政部门的预算的情况下：

（1）满足共性需求，以平衡为主。

（2）在预算允许的条件下，满足KOL的部分个性化需求，但需要KOL提供对等的代价。

如果不是使用行政部门的预算，而是通过行政部门支出的情况：

（1）以满足共性需求为主，兼顾平衡。

（2）合理利用申请流程及相关规定来筛选个性化需求。

关于请购流程，我们在设计中一定要注意根据审批权限表（DOA）及部门管理权限，设置层层审批的流程。即需求人员发起流程（流程内说明需求合理性、预算情况及费用承担部门）经主管领导审批后，再根据审批权限表层层审批，完成后再落实采购。

三、供应商管理

（1）正确选择供应商。合格的供应商的标准，通常有几个共同点，比如，提供符合需求品质的、数量充分的、能准时交货及合理价格的产品或服务，以及热情的服务。如何更好地甄选出合适的供应商可以参考以下三个步骤。

第一步，评选小组。对大额采购或年度供应商采购的，有条件的就成立一个跨部门的评选小组，对拟邀请的供应商各项资格或条件进行分析及审议。

第二步，评审项目。不同类型的项目，对供应商的评审项目也不一样。我们需要列一个相对客观的综合维度，这样能避免价格决定论。除了价格指标外，我们还可以将经营状况、交付能力、往期案例、技术能力、服务团队管理能力、绩效、产品品质等列进去，然后根据评审项目列权重。

第三步，供应商的分类、分级。分类的目的是避免供应商包办各种采购需求，分级的目的是防止供应商大小通吃。做好分类、分级，就是建立供应商管理体系的基础。

（2）做好采购需求的分类。采购有集采和分采，正确区分采购分类，有利于提高效能。

类似机票、酒店这类共性化比较强的，就是集采，这类签框架协议特别合适。分采指的是针对个别特殊需求的品类，比如，圣诞节布置的装饰品，这个就属于分采模式。

如果有分公司或子公司，建议提前确认好集采和分采的范围，两者结合使用，合理授权，大头集中在总部签全国性协议，降低成本，减少风险。零星采购放给子公司自主决定权，提高效率，配合当地业务发展。总之，不管如何操作，公司利益最大化是根本。

（3）供应商不会让你长期占便宜。公司的平台不是你的平台：你的权利和大部分的能力，只是因为平台给了你资源和支撑，千万要合规。

（4）建立参考价格体系。建立参考价格体系不是一朝一夕的事情，但却是采购体系中最容易忽视的地方。根据前期建立的供应商分类、分级体系，对供应商进行进一步的梳理。比如，将FM供应商、食堂供应商等费用支出提高，将对行政服务影响大的供应商发展为重点供应商（前期重点考核，后续不轻易更换），这类供应商的数量占了供应商总数量的10%~20%，但支出却能达到60%~70%。

● 重要供应商。比如，差旅、办公用品之类的年度采购金额排在第二梯队。采购密度大，但提供的服务或产品的技术含量不高的供应商，这类供应商适合通过定期招标、议价等措施，合理控制费用及提高供货需求。

- 一般性供应商。比如，零星的制作公司、提供各类较小金额的配件公司，这类单件采购金额小，整体采购金额也不大的供应商。只要供货及时、价格适中、响应及时，签个框架协议就行。

- 重点供应商议价。对于重点供应商的采购议价要特别用心，既要达到降价的目的，又不能因此造成质量下滑而得不偿失，更要维系相对稳定的合作关系。

- 一家重要供应商。注意找好备选方案，在招标采购时要注意一定是通过真实的协助供应商端降低成本来达到降价的目的，要小心招采时碰到恶性价格竞争。尤其是B供应商说："A能做到的，我都能做到，我再给你让利5%。"因此，我们要明白，建立参考价格体系的目的就是为了避免这样的情况出现。

  一定要知道恶性降价后经常会出现大规模的服务或产品质量问题，所以如果供应商突然答应降价，那么一定要去了解他们降低成本的原因。

- 做好供应商的开发工作。推荐通过平台开发供应商，比如，通过行政联盟这样的平台发布需求，在平台上选择已经过平台审核和筛选的供应商，能减少你对供应商的评估风险，同时还能减少你寻找合适供应商的成本。

四、合同签署、验收和付款管理

一旦完成了合同签署，接着就是验收和付款，这个按合同约定和部门分工进行就好了，付款的时候注意会签要求及附件要求。

五、库存管理

进入库存管理环节，库存管理不光是做库管员那么简单，一定要将需求计划、采购计划和使用计划综合起来考虑才行。介绍以下几种具体的措施。

1. ABC分析法

ABC分析法，是用于物料管理的库存分类技术的一种方法。其将库存中的物料分为以下三类。

A类物料，需要非常严格的管控和精确的记录。

B类物料，需要稍微严格的管控和恰当的记录。

C类物料，仅需要最简单的管控和最少的记录。

为什么需要这么做？ABC分析法是识别那些对总体库存成本有重大影响的库存的一种方法。不同类别的库存将需要在业务活动中有不同的管控办法。换句话说，你的库存并不具有同等的价值。将它们分组为A、B、C三个类别（也可以是别的标签），可以帮助你确定它们分别对你业务的重要性。

首先，A类库存非常重要，它们通常是高价值的商品，因此需要定期和频繁地检查。B类库存项目也非常重要，但比起A类库存就相对价值较低。C类库存是属于价值最低的，因此只需要稍微关注就好了。这个和行政人员在做资产管理时将资产分为低值易耗品、列账资产、列管资产及固定资产是一样的道理。

我们该如何分配A、B、C类物料呢？其实都取决于你设定的目标和标准，比较常用的是二八定律，即库存成本的80%是由20%的物料带来的。

2. 经济订货批量(EOQ)

在库存管理中，经济订货批量（EOQ）是最小化企业库存总成本的订货数量。

这些库存成本包括持有成本、订单成本和缺货成本。

它源自100年前的生产调度模型，该公式如下所示：

$$EOQ = \sqrt{2AB/C}$$

A = 年总需求量；B = 单次订货成本；C = 单位产品的库存成本。

这个公式，可以用来计算适当的"补货点"和"最佳补货数量"。这样可以较为及时、准确地把库存的货补上，同时也避免出现突然缺货的情况。

最简单的办法是用Excel表格和扫码枪做一个进出库存表，设置公式来自动计算。具体的表格可以参考网络。

它可以帮助我们解决"需要多少库存""每次订购多少""最佳补货时间"这几个问题。当然没有任何模型是完美的，EOQ是一个基于假设需求在一段时间（如一年）内保持不变，且当库存下降时会补货的模型。因此，它没考虑需求波动的情况。

比如，我们行政做的季节性的福利或活动使库存波动大，或那种消耗速度特别慢或一次性的物料，就不适合用EOQ模型了。

3. 准时制生产 (JIT)

准时制生产（JIT），也称为无库存生产方式，指的是当你有需要的时候，我们才会订购。如果你有了比较好的配套供应商，能保证时效，使用JIT可以很好地降低库存成本。

当然JIT也不是万能的。JIT源自于制造业，在实际操作中，JIT对配合的要求非常高。比如，你有可靠的供应商，你有可预测的需求，对时效性的不敏感性，比较适合这类模式的就是办公用品了。

行政采购是公司采购体系的一部分，其分支的目的其实还是提高工作效率。但正如上面所说的，不能因为效率而降低风控，风控不是为了限制我们，而是为了保护我们。

学会四步走,轻松管好行政供应商

食堂饭菜真难吃、保安的态度真差……这些话语你是否觉得似曾相识?说的虽然是别人,可也感觉不自在,因为这些人都是行政人员管的呀!

行政服务,其实就是通过各种合作模式,整合供应商资源,为员工提供服务,而供应商是具体服务的载体。服务得好与坏,员工是否满意,都是通过他们去呈现的。因此,管好合作商的重要性可见一斑。

那么,如何做好供应商管理呢?其实就是"深了解、明标准、重过程、严考核"四步走。下面我就以某科技园区物业管理的实例和大家进行分享。

第一步是深了解:要了解合作商的行业背景、运作模式、利润空间等

比如,物业行业是一个劳动密集型行业,人工成本占总体成本的八成左右,所以物业公司要想赚钱,主要就在这些方面下功夫,如"偷人头"(实到人数少于和业主结算所报人数)、赚差价(物业公司实际支付给员工的钱少于业主支付给物业公司的钱)、不买社保(这种存在极大风险,所以要重点考虑)等情况。

第二步是明标准:把各项服务工作通过标准化作业或体系认证等方式确定下来

一方面,各类工作要求,都要写下来,不要停留在口头上,否则遇到问题也不好追溯(为后面的考核打下基础)。另一方面,不要搞得太复杂,写太多了,他们也记不住。

再如,厕所保洁作业,要写明:需要达到的标准(如无异味、无水渍)、工作频次(十五分钟一次)、监督管理责任等。

第三步是重过程:把控过程关键环节,确保工作过程资料齐备

很多人重结果,不重过程。然而,过程和结果同样重要,一旦过程失控,很可能结果永远无法达到，或是存在重大风险。

举个例子，洗外墙属于高空危险作业，对实施单位和人员的资质、现场安全措施的审核是关键控制点。一旦大意造成人员坠落伤害等事故，业主也难逃其责。

可以要求物业公司做好各项工作的过程记录工作，如现场工作照片，各类巡检作业表单，事后去检查物业公司是否有按要求落实，可用于事后追责。另外，还需要经常性地检查，这样物业公司就不敢"偷工减料"了。

第四步是严考核：基于工作标准要求开展，确保服务质量

有了标准要求，合作商还是不按要求做，那就该用考核了。

首先，考核要有明确的标准（基于合同和其他约定、规则），不能仅凭主观意见开展，而且要量化、具化，这样也能让被考核者信服。所以在合同签订时就要考虑后续考核要求及可实施性等问题。

考核还可以采用多种形式，如专业考核、员工满意度考核、员工代表考核各占一定比重，这样就能避免合作商只讨好直接主管、而敷衍其他普通员工的行为了。

抓住这几点,不再担心行政供应商交接

行政"上管天,下管地,中间还要管空气。"这虽是大家平时的戏谑之语,可也从侧面反映了行政的工作覆盖范围确实非常广。

一般企业的行政手头的合作供应商大大小小至少有数十家,大到年费用上千万的物业公司,小到数百元的小礼品供应商。为了确保能给大家提供最优质的行政服务,行政合作供应商的更换是在所难免的。

供应商交接过程出现问题,不仅会影响员工服务感知,还可能出现影响公司声誉的大事件,如物业公司交接时大打出手的事也没少见吧。

行政合作供应商类型繁多,有以产品交付为主的,如办公文具、饮用水;有以人员服务为主的,如物业服务、餐饮服务等,而涉及人员服务的工作比纯产品类的更为复杂。因此,这里以物业服务供应商交接为例,来说一说行政合作供应商交接时应该注意的事项。

像物业公司这种涉及几百人的团队、十几万平方米面积的交接,必然是一个需要周密考虑、仔细计划的事情,涉及交接计划与方案、多方沟通、现场交接、责任划分等。具体来说,我们要围绕人、财、物、应急这四个方面来交接工作。

一、关注项目核心成员,确保平稳过渡

对于交接,首要的目标就是能平稳过渡,不出问题。要确保平稳,其中的关键则是原供应商的核心团队成员能留下,因为他们既熟悉现场情况又了解甲方的需求。

1. 尽量维持人员稳定,最好能留下项目核心人员

面临交接,退场与接管双方有不同的心态。退场方丢了项目,如果没有其他新

接的项目，则会面临巨大的人员分流压力。毕竟不能因为项目丢了，就和这些人解除劳动关系，这是违法的。所以退场方其实也是希望接管方能承接部分人员，当然前期和甲方关系闹得很僵或是还有费用等纠纷的情况除外。不过这种情况毕竟是极少数。

而对接管方来说，要在短时间内储备这么多的人员，也是很有难度的，尤其是在春节前期等用工紧张的情况下。而且接管方也期望能有熟悉现场和工作要求的人留下，这样至少不会在初期使工作出乱子，避免给甲方留下不好的印象。

作为甲方的行政人员，你的目标自然是稳定顺利。除关注退场与接管这两方的供应商外，还要重点关注项目核心成员的动态。此时项目核心成员最关注的主要是薪资待遇会否变化、新单位会否过河拆桥、个人未来发展等，这些都需要和新单位沟通并施加影响，确保核心成员利益，新单位会在正式接管前与项目核心成员签订工作意向书。

2. 适当进行人员调配

趁项目交接时，正好可以对原有项目团队成员进行调配。梳理评估后，能力出众、表现出色的人可以留下，表现差的借机淘汰。新单位也可以补充一批新鲜血液进来，在保证人员和服务平稳过渡的情况下，可以逐步导入新单位的企业文化并发挥优势，在原有基础上做出改变和创新。

二、做到财务账目清晰，不留纠纷隐患

财务纠纷是导致交接不顺利的一个主要因素，退场方自然希望能拿到钱走人，尤其是除当月费用外前期还有一些费用未完成结算的情况下。换位思考，谁都希望尽快回笼资金，尤其是在没有后续合作的情况下。因此在事实清晰、没有分歧的情况下，确实应将历史款项尽快清理干净。

1. 费用尽量结算清楚，需移交费用做到账目清晰

在确定移交时间后，开始梳理相关财务资料。对没有分歧且应付的费用，应尽快发起报账，督促内部审核，尽快完成费用支付，及时收到钱也会促使退场方积极配合。

如有帮甲方代收费用的，应将台账梳理情况在三方确认后移交给接管方。

2. 费用结算应留有制约手段

一方面，对已发生费用应尽快完成结算，另一方面，需要预留适当费用在退场后结算，以便于约束、控制退场方，以免退场方拿到钱后不配合交接工作，这些基本在合同签订时会有考虑。比如，最后一个月费用会在退场后根据工作量和考核情况结算。

再如，在退场清理时，有需要退场方赔偿的物品、水电费等，均可在最后一个月的费用结算中进行抵扣。

三、紧抓三个方面确保物品有序交接

这里所指的物不仅仅是物品，还有更广泛的含义，主要包括移交给退场方管理的固定资产和现场物资、运营资料、离场物资等。

在确定交接时间后，就要开始梳理物品清单，一般在入场时甲方会将委托给物业公司管理的固定资产和现场物资等以清单形式让物业公司签字确认（虽然在招标文件中可能也会有清单，但实际交付和招标文件清单可能会有差异）。这个就是清单的重要组成部分了。

还有要注意梳理日常运营过程中的资料，如物资领用发放表、访客登记表、邮件收发登记表等，因为一旦丢失或被离场方带走，会给后续工作带来很多不便。当然，这些资料如果有在提交项目月报时都已提交，那在离场时重点关注最后一个月的资料就可以了。

最后，要关注的是离场方要带走的物资清单。物业公司在运营期间也会投入一些物资，如项目办公设备、清洁设备等。为避免在退场时因物资纠纷引发矛盾冲突，行政人员有必要把离场物资清单梳理出来，凭单核对无误后放行。

在离场方提交离场物资清单后，要与其入场物资清单、甲方物资清单等进行核对，确认无误后移交给门岗保安。

四、围绕两大主线做好应急保障工作

应急预案是交接工作中非常重要的一个环节，虽然大家的期望和实际结果大都是顺顺利利的，但还得按最坏的情况做好预案。

应急预案可以日常运营类和交接相关类为主线开展。日常运营类是指在平时可能出现的异常情况，如水管爆裂、电梯困人等。交接相关类是指和交接工作直接相关的，如交接双方冲突、煽动员工闹事等。

日常运营类的应急预案首先以合同为依据，在正式交接完成前场所的管理责任还是在退场方，因此由此引发的故障或损失，须由退场方承担相应责任。同时可以安排接管方也同步安排人员和资源介入，做好双重备份的工作。

交接相关类的应急预案可围绕前文介绍的人、财、物等方面做好疏导、沟通工作，提前消除隐患，同时也继续和退场方强调合同违约责任等。

此外，还可与属地派出所、劳动监察部门等提前沟通好，告知交接的具体日期和可能存在的风险，一旦出现意外可联系及时介入处理。

总的来说，要想做好一项交接工作非常不易，还有项目总控与分工、交接责任划分、现场突发情况处理等非常多的工作要做。

如何制定一个合适的固定资产管理指标

有朋友问我,他们公司最近在做资产管理的改革,老板要改革原来的固定资产管理指标,用于提高固定资产管理效率。那么,如何制定一个合适的固定资产管理指标呢?下面结合我朋友公司的实际案例,来跟大家分享一下。

此公司是一家产品驱动的互联网公司,目前在全国有十多个办公室,员工人数大概有8000人,主要以IT类资产为主。以往,他们主要采用软件后台管理的方式进行日常巡检,遇到资产调拨、抽盘或年度盘点时,则安排部门内的协管员进行协助。并在每年根据主观的绩效考评情况给予协管员及资产管理员一定的现金奖励。

本次调整固定资产管理指标的目的是量化协管员及资产管理员的实际贡献,从而进行有针对性的激励。本次调整固定资产管理指标不涉及人力资源的考核方式与评价体系的调整。

为了更好地帮朋友制定参考的固定资产管理指标,我先梳理了他转达的领导需求。

1. 梳理需求

梳理目的:改革、量化。

需求数量:15名一级部门资产协管员与2名资产管理员(行政及IT各一名)。

关键词:量化、实际贡献。

关于需求的其他/补充信息:针对性激励。

2. 分析需求

根据需求描述审题:该公司处于业务瓶颈期,管理层开始重视内控。对资产管理而言,从满足资产快速增长兼顾资产安全的需求转变了,既要做好资产的合理使用、调配,库存资产加强周转,同时又要将提高资产安全性作为主要需求。

需求者目的分析:需求方通过设置合理的量化指标来明确协管员及资产管理人员的实际贡献,其背后隐含的逻辑可能是对目前主观的绩效考核、评发奖金的措施不满。

根据分析,完整地描述需求:需求方因资产管理的核心需求做了调整,因此希望通过设置合理的量化指标来明确协管员及资产管理人员的实际贡献。我们行政在设计相关指标的时候,一定要做到数据可以有效量化且能有客观的依据来量化,避免主观考评带来的问题及调整绩效考核指标后可能出现的反弹。

3. 细化实施步骤

明确需要的资源:设立新的指标需要用到的公司业务数据,同行业公司的对标指标。

涉及的人员:资产协管员、资产管理员、人事、行政及财务。

进度计划:计划在19年度年终资产盘点时投入使用。

审批流:根据公司相关规范安排审批流,提交审批流前与相关人员提前沟通。

内测:相关指标需提前进行测试,以便调整出更合理的指标范围。

基于上述的需求分析,我和朋友一起提出了六个具体的指标供他选择,并作为本次调整的核心内容向上申报。指标清单如下。

指标一:

资产业务完成率:固定资产实际管理数量/责任范围内完成的固定资产管理数量×100%。

指标范围:合格率98%。

指标说明:指的是固定资产转移、变动、增加、减少等信息的更新或调整内容。

指标二:

固定资产盘点差异率:盘点数据/台账记录数据×100%。

指标范围:合格率99.5%。

指标说明:看资产是盘亏还是盘盈。

指标三：

资产报废净值率：报废资产原值/净值或资产原计划分摊总月份/实际报废时分摊的总月份。

指标范围：合格＜1.2（参考历史数据，综合资产类型）。

指标说明：用来看资产规划的合理性和库存管理的合理性。

指标四：

闲置资产再利用率：入库时闲置资产净值/目前闲置资产净值。

指标范围：合格＜1.15。

指标说明：这个指标评估指的是在库和闲置资产的使用情况，它也可以侧面反应在库资产的保管情况。

指标五：

固定资产产值率：固定资产净值/使用该资产的部门的产值×100%。

指标范围：以历史数据为基数，达到历史数据就是6分，比历史数据高1%就加1分，最高10分，反之扣分，最低1分。

指标说明：这个数据是体现资产配置对业务支持的指标。

指标六：

资产时间利用率的指标：资产总数量/资产阶段满负荷使用时间（如季度、半年、一年）。

指标范围：以去年的同期历史数据为基数，达到历史数据就是6分，比历史数据高1%就加1分，最高10分，反之扣分，最低1分。

指标说明：指的是资产使用率的指标，它可以用在类似服务器之类的连续使用的资产上。

以上的资产管理指标可以套用在不同的公司中。对于行政的资产管理而言，做好资产的管理是第一步，提高资产利用率或许才是价值的体现。

提高资产管理的效能和价值

有人问我:"当行政创造价值的时候,资产管理的效能和价值如何提高?"根据个人的理解,效能指的是保值,创造价值指的是资产的增值。接下来,我就从四个方面来谈谈。

1. 做好资产管理工作的必要性

在各类资料和分享中,各类大咖都在强调:"资产管理是公司管理的核心工作,只要做好资产的管理工作,就能有效地为公司降本、增效。"

的确,在一般概念中,固定资产就是符合公司某个规范标准的设备,如不动产、专利、知识产权、物料等。

既然资产管理那么不起眼,那为什么要管好呢?资产是一种通过交互和流通给企业带来一定利益回报的资源。比如,同样一台价值1万元的苹果电脑,在工程师或设计师手中,在其生命周期中可能产生百倍、千倍的利益回报。如果放在前台,可能仅仅只是装点门面或普通办公用品,其产生的价值可能就是几倍的利益回报。

资产管理员最大的价值有两点,第一是资产的保值/安全,第二是让资产通过管理创造价值。

在这个基础上,要想提高资产的管理效率,你可以从两个环节着手。一是在新增资产时,做好原有资产的盘点工作,减少新购资产与原有资产的功能或用途重叠而产生的闲置情况,对高净值资产要做好使用计划,让其在生命周期内可以将投资收回来。二是让现有资产持续创造价值。

2. 如何做好资产的保管工作

做好资产保管工作的目标是确保资产的持续存在和完好。第一个维度是资产的持续存在，包括保管、盘点和防损。第二个维度就是完好性的保持，主要指的是在库闲置资产的保存，其目的是避免一台入库时完整可用的设备，因保存问题变成一堆不能用的废品，产生损失。

先说保管，保管措施有对外和对内之分。先说对外，即防止外部非法入侵，盗窃财物。正常运转的企业，往往都有比较成熟的模式。有条件的公司一般都会设置一个仓库，把考究点的小件高价值物品放在保险箱内，并在门内外设置监控，加上独立的门禁，建立起有限的授权人和进出登记制度。没条件的公司，一般会统一找个地方堆放，将贵重物品锁起来。

如果体量更大的公司，就可以选择外租专业仓库。在经费允许的情况下，雇佣第三方安保公司是不错的选择。一方面，第三方安保公司可以作为责任主体，发生问题时可以通过合同的方式约定责任和义务。另一方面，留守人员和第三方安保公司，在日常实际操作中难免存在监守自盗的风险。这就需要管理人员定期或不定期地巡检，这个时候是行政员工去巡检还是第三方公司去巡检就值得考虑了。

对内，则是对内部流通过程的管控，避免流通和使用过程中的损失。

接下来说盘点，确保账、物、条码一致是主要目的。盘点可以根据内部财务规则制定流程。对固定资产的盘点一般通过盲盘或有表盘点的方式。盘点是对日常管理的结果验证，那么，应该如何让盘点更容易呢？我之前在一家韩企工作过，当时公司的固定资产管理特别混乱，没人管是小事，居然连财务的账都对不上，甚至还存在有账无物，有物无账，账物不一致的情况。为了梳理清楚状况，我当时用了一个月时间才整理清楚。通过复盘，我发现主要有四个问题点值得关注。

（1）入账编码转固环节出错。比如，发现一台设备存在两个编码的（如电脑本身一个编码，内部加了一个显卡又加了一个编码，但在实际中可能错误地将两个编码都归在电脑上）。这就存在资产名称描述不清晰，资产编码规范不统一，编码不严谨，或是将消耗品错误地作为固定资产入账的问题。在后期管理和盘点中势必容易遗忘。这种问题并不少见，所以资产管理员对入账编码转固环节的把控既基础又重要。

（2）使用过程中的信息变更没有记录存档。建议资产量超过200的部门至少要设立资产协管员，日常由其协助管理部门内的资产。资产管理员在系统上也要应该做好记录存档，建立电子化流程更容易追踪，同时一定要明确职责和奖惩机制。

（3）该报废的没有及时清除。盲盘就很容易发现这些问题。报废和处置工作应该同步开展，在报废申请上应增加描述处置收益和处置计划，这样就可以从流程上规避。如果报废是在折旧完成之前发生，就需要提前折旧，这样就会产生账面损失，因此报废需谨慎。行政人员在操作上应该提前预算，就像投资预算一样，每年度提前做好报废计划，提前将该部分减值损失放进主营业务成本（COGS，主营业务成本是指企业销售商品、提供劳务等经营性活动所发生的成本）。

（4）条码遗失。这个问题可以通过无线射频标签（RFID）或者蓝牙标签之类的方法来解决，固定设备也可以通过特别传统的钢字码等方式来解决。

如果想让盘点清晰、准确，那么前期设计的资产管理流程一定要完善，并配套完善的固定资产管理程序来规范前期、转固、移动、借用、报废、处置等。前期如果不重视，后期一定一团糟。

3. 资产的保值和增值

资产的保值，指的是保持其基本性能。其目的之一就是通过资产的日常维护来恢复和保持基本性能。维持其基本性能，才能抵消因自然损耗及使用损耗带来的收益减速，延长了资产的使用寿命，对资产而言，自然就产生了增值。

4. 盘活闲置资产的几点措施

在实际操作中，所有的企业都不可避免地会存在闲置资产。这里的闲置资产指的是因为人员增减、项目调整及设备升级等原因而不得不转入库存，但状态良好的随时可以恢复使用的闲置资产。这些资产在一个阶段内不会创造价值，还需要投入维护成本。如何让它产生价值呢？

（1）对于不确定性较高的资产（如大批量进的电脑设备），选择租赁会是一个不错的选项，可能三年期的租金不一定比直接买便宜，但可以通过计算租赁成本和自购的总拥有成本，决定是买还是租。

（2）分子公司间的资产调拨，资源共享。我曾经服务过集团类公司。这是一家有若干家相同业务的子公司，当时我的一项重要的工作就是关联各公司间的资产调拨。A公司需要资产，恰巧B公司有闲置的资产可以满足。如果进行调拨，那就能节约采购需要的资金。

我们可以通过建立一个公开的闲置设备数据库，使之对应到资产库存与需求数据，再通过总部行政服务平台，统筹调配资源。但在实际操作中还是存在不少的难点。

①意愿问题。这需要总部行政联合财务和采购等建立规则，引导或是要求，甚至在其他政策方面给予优惠。

②资源和需求的信息匹配。比如电脑有不同的配置，现有的库存电脑是否能满足需求，这需要非常准确的对应。所以建立库存信息的平台应该收集尽可能多的资料，同时设备说明书、图纸、照片等资料也需要一并准备好，以便需求方准确地判断设备状态。当然，最后还需要现场确认，前期的信息越充分，资产调拨越容易完成。

③定期的库存资产的甄别。需要定期对库存资产进行甄别，找出可用资产或需要报废的资产。这个工作建议和专业技术人员一起进行判定，最好能出具相关文书，以便万一需要财务处理。

④财务内部流程。其实分公司之间的调拨，在财务上也属于买卖关系。买卖就涉及定价与合同，因为涉及税金，很可能在交易价格和账面价格之间产生偏差，进而导致账面的亏损。为此，总部财务应该建立相应的规则来解决这两方面的问题，当然也可以通过规则来促进二手设备的调拨，毕竟从长远来看是有益的。如果涉及上市公司和国企，那就必须由有资质的第三方机构来做资产评估后定价了，将评估价格作为交易价格。

对于提高资产管理的效能与创造价值来说，最关键的仍然是把握住资产属性是用来创造价值的。在实际操作中可以通过完善的管理系统提高管理效能和资产完好率，促使资产创造价值。

多措并举助力企业实现降本增效

在绝大多数企业中,行政部门都算是一个成本中心,属于花钱的部门。一旦外部经济环境不好或是企业发展处于困境时,行政部门往往是最先感知的部门。

在此情况下,行政人员应该如何应对才能帮企业走出困境和助力企业实现降本增效呢?如何才能达到质量不减、满意度不降的目标?下面,我将从抓矛盾、多学习、强举措三个方面来阐述。

一、摸清家底,抓住主要矛盾

要想实现降本、增效,首先得知道行政费用支出主要在哪些方面,这个可以主要参考公司的年度行政预算计划表,如预算项目、费用金额、测算依据等信息。

在此基础上,要对预算及实际支出费用进行详细的数据分析,如费用项目占比分布、各项费用同比环比情况、预算实际使用情况、市场标杆情况等。

最后,要结合企业实际情况,抓住主要矛盾,确定降本增效的努力方向和目标。并不是费用占比最大的项目就一定是最优的方向,如当企业的场地租赁成本占大头,但实际目前并无更换场地计划且已经是拿到的最优惠方案时,则需要退而求其次,寻找其他努力的方向。

二、标杆学习,了解优秀经验

在确定了降本增效拟开展的领域和项目后,就要思考如何去实施才能达成目标了。

一方面，可以组织部门内部头脑风暴，针对现状和问题进行探讨，并结合以往的案例去提出一些提升举措。

另一方面，可以进行标杆学习。看看外部企业针对同类型的问题是如何做的，有无好的想法和举措可以借鉴；或者在专业平台等寻求相关方案和经验进行参考；或者在专业社群和同行中进行探讨。

总的来说，通过各种途径进行学习并内化，最终输出适合自己企业的实施方案。

三、多措并举，助力降本增效

总体来讲，可以从"控制需求，减少不必要开支"和"优化配置，提高资源使用率"两个方向来开展企业行政降本增效的工作。

由于企业规模、运营方式等不尽相同，并没有完全适合某一企业的具体实施方案。下面，我仅给出一些方向供大家参考。

1. 运营模式优化

（1）由自营转向专业服务外包。目前部分企业在前台、保安、食堂等领域还是自营状态，目前后勤领域的服务外包已非常成熟。通过实施行政业务外包，可以充分发挥外包公司的专业优势和规模效应，降低企业的运营成本和用工风险等。

（2）尝试采用行政SSC模式，推动高效发展与成本节约。这种模式适用于跨国、跨区域的大型公司，因为只有规模达到一定程度，其共享服务模式才会产生更大的经济性。尤其那些总部具有强大管理能力的公司，其共享服务不仅可以有效降低成本、保证服务质量，还起到将宝贵的管理能力和知识输送到各业务单元中的作用。

（3）开展集中化采购，充分发挥规模优势。对于部分规模化、有分公司结构的企业，可在各分公司单独采购的基础上，梳理出部分共性的需求，由公司总部开展集采工作，发挥总部的规模优势，在与供应商谈判时提高议价能力，降低行政服务和物资的采购成本。

（4）充分利用信息化手段，提倡自助式服务。在行政工作标准化、流程化的基础上，充分利用信息化支撑手段，实现企业绝大部分行政工作的自助化操作，有效降行政及支撑人员数量。

2. 资源配置优化

（1）开展行政二级预算管控，明确责任主体。一般情况下行政预算由公司行政部门负责管控，各业务部门作为需求方，使用时往往基于各自利益考虑，缺乏主人翁的责任和精神。你可将行政预算按一定规则分解给各业务部门，各部门对相应预算使用负责，预算使用出现异常时需要向公司管理层进行解释并经同意后方可进行调整。

（2）数据会说话，开展行政运营指标管控体系建设。树立量化管理和数据化管理思维。根据公司情况建立相应的行政运营指标管控体系，用数据来审视和判断行政工作的提升空间。

（3）实行网格化管理，降低后勤配套成本支出。在服务外包中，人工成本如保安、保洁等占很大比重，应减少固定岗位、多用机动岗位，推行网格化管理，明确责任区域，提高人员复用率。

（4）开展制度、流程穿越与优化，提高运转效率。一方面，要制定明确各类行政资源配置标准，杜绝铺张浪费，如差旅报销标准、办公用品配置标准、绿植配置标准等；另一方面，要善于做减法，即精简制度流程，剔除无效工作要求，减少内耗。

3. 技术革新与引入

（1）保持高度敏锐，关注行业市场发展动态。如在电力领域内达到一定规模的用电客户，可参与售电市场竞价，从而为企业节约电费；或根据企业业务发展情况选择按变压器容量缴纳电费或按最大需量缴纳电费，选择合适的用电性质类别等。

（2）积极尝试FM管理技术，降低能源消耗。对于拥有自有楼宇的企业来说，能源消耗是企业运营的主要行政成本之一。BA系统及在基础上集成更多技术的各类智慧楼宇管理系统等的应用，将大大提高楼宇和设施的运行效率，降低运营成本和能源消耗。

（3）智能照明、节能灯具的推广使用。照明是工作场所中的主要能源消耗之一，因此也是我们的重点关注内容。对小型企业来说，更多的可能在于节能灯具的使用方面；而对规模较大的企业来讲，可以尝试更多的智能照明方案，可根据不同的场景采取不同的智能照明策略。

（4）智能安防技术的应用，技防替代人防。

4. 文化层面导入

这个层面的导入，指的是通过关注小细节、培养小习惯，营造人人参与的氛围，达到企业降本增效的目标。

（1）提倡光盘行动，在公司就餐时提倡按需取用，减少厨余垃圾，进而减少食材的投入成本。

（2）公司内部提倡自带水杯，减少一次性水杯的使用，仅在有外部宾客时提供。

（3）要求使用双面打印，能黑白打印时不彩打，有条件的公司可以使用云打印。

（4）随手关灯，空调温度不低于26℃。办公设备不用时设置处于待机状态，下班时随手关闭电脑和插座电源等。

构筑行政采购与廉洁风险防控多道防线

腐败、廉洁风险……似乎离行政人员很远，但在部分企业中，行政人员也负责着千万甚至是上亿元的资金预算，不免让人惦记。

从某知名互联网公司爆出的公司反腐报道中发现，涉及腐败的人员除了市场、采购等高危人群外，行政人员也赫然在列。

那么，应该如何有效防范行政风险呢？首先要分析行政采购及廉洁风险产生的原因，那就是由于机制、管理等不完善或是个人因素导致出现利益输送空间，从而会让人铤而走险。我们可以从企业文化引导、完善管理机制等方面去应对。下面，我主要从采购、执行、管理几个维度去构筑风险防线。

1. 采购层面：从源头开始防控

在采购方式上，应尽量采用公开招标、公开比选等方式，减少与供应商定向谈判（部分特殊情况除外，如只能由某一供应商提供的或是由于政策原因必须从指定处采购的）。

此外，对于全国总分机构管理模式的企业，在服务或产品允许的情况下，可采用集中采购等方式，加强管控力度，提高议价能力，降低采购成本。

在采购方案中，技术和商务的比例要合理，对产品成熟度高、市场竞争充分类的采购，可适当提高商务占比。

评分标准应尽可能量化，减少评审时的主观成分，同时量化的档次和标准都要有充分的依据。报价内容尽量具体量化，准确描述工作标准、内容和预估工作量，减少后期议价空间。

在采购实施时，对于评标成员采取抽取模式，避免留下暗箱操作的空间。采购过程要全程录像，便于后期随时检查。评审结束后进行采购稽核，对评标过程进行复查，避免出现错误或是其他主观行为。

2. 业务层面：嵌入式管理

在采购完成后，就是行政业务的具体执行和后期的结算付款环节。这个环节把关不严或是执行走样也会出现问题，不仅会造成财务损失，甚至可能会引发安全事故。因此，有必要把风险管控理念嵌入业务的具体实施过程中去。

对于业务的发生，应按照一定的资金大小或是项目等开展层级审核或是交叉复核，避免业务经办人员自由裁量权过大，从而导致风险发生。

对于产品或货物类的验收，最好要有除甲、乙方经办人员以外的第三方人员参与，避免因利益关系而虚假确认数量或对品质把关不严。

对于服务类行政工作，除对结果进行验收确认外，还要提供充足的过程证明，避免工作量造假。

3. 管理层面：实现管理闭环

只知道隐患，没有相应的管理标准和要求是不行的。倘若有了标准和要求，缺少相应的考核和处罚也是不行的。

针对采购和业务层面可能存在的风险，要有相应的管理和考核制度，如可以写入员工手册中，在员工入职时签署。一旦发生任何违规行为，必须严格按制度处理并在公司范围内通报。

第 5 章

办公无忧：
实现企业设施的全生命周期管理

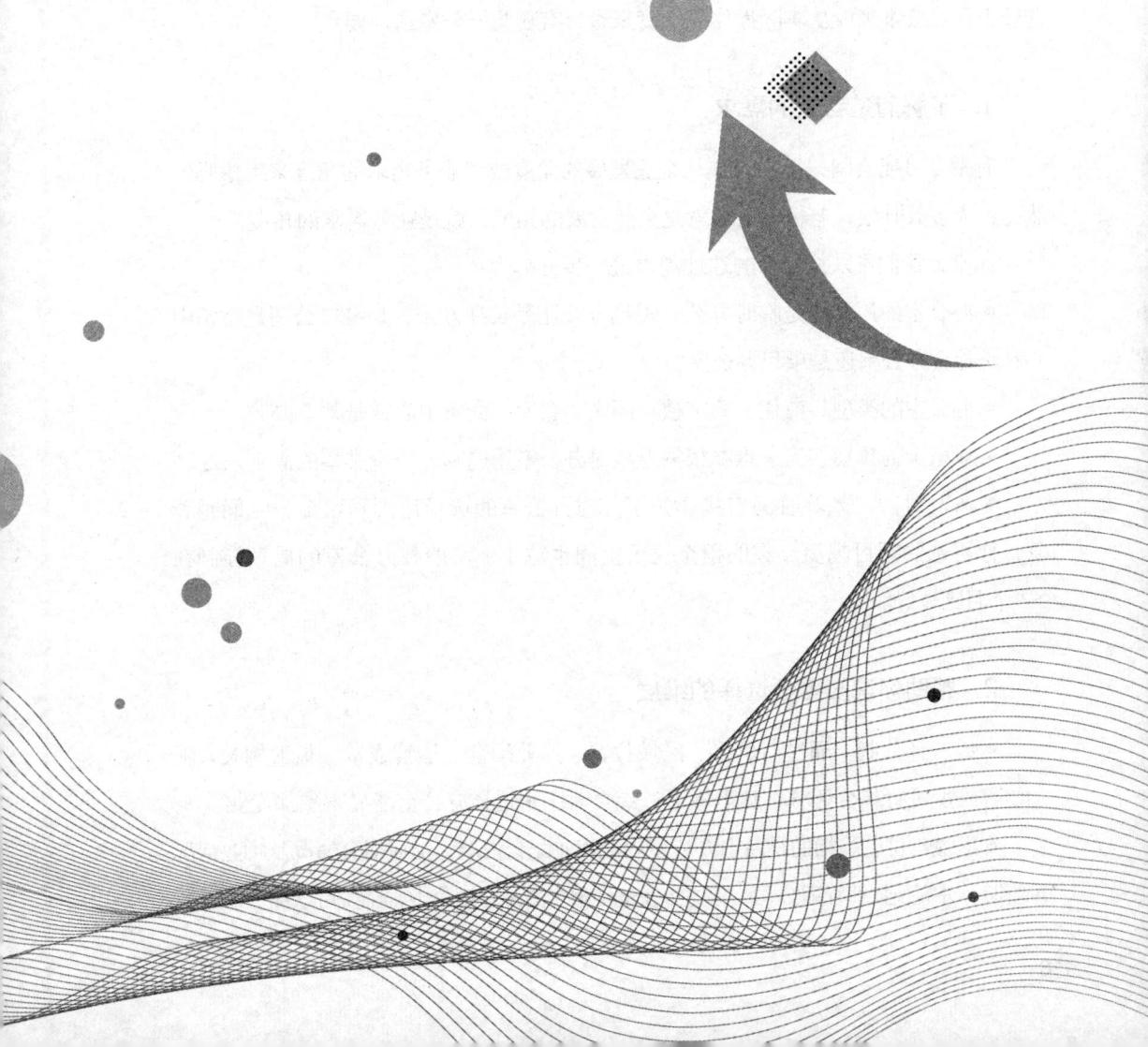

皆大欢喜，三步搞定公司选址工作

随着企业规模的快速扩张，分公司和子公司遍地开花，首当其冲的就是行政的选址工作。接下来就从实际操作的角度来看，有哪些办公室选址要点。

1. 了解清楚老板的需求

有朋友可能会问，不是应该从企业发展的角度或者业务需求的角度来考虑吗？然而，大多数时候，老板的需求就是企业发展的角度，就是业务需求的角度。

通常，我们可以将老板的选址需求进一步分解为：

- 办公室的用途。是临时办公、短期办公还是长期办公？是纯办公还是营销中心？是综合办公室还是项目办公室？
- 办公室的类型。商住、写字楼、园区、仓库、商务中心或是共享办公。
- 对租金的预期。这一点要根据老板对办公室用途和办公室类型的需求来定。
- 入驻时间。入驻时间直接影响了你对办公室的选择范围和租金，时间越着急，你可选的项目越少，你的租金议价空间也越小，一般找办公室的周期控制在2~3个月比较好。

2. 帮助你说服老板选择的维度

- 综合评分制。通过对价格、区域位置、产业配套、运营成本、员工相关、附加值等维度进行综合评分，让老板通过综合对比来选择办公室能显得更加专业。
- 区域与位置。指的是备选办公室周边商业配套情况、交通配套情况及物业情况（新旧、外观及物业管理公司）。这个在选址报告的综合评分中，至少可以加上10分。

- 产业配套。很多时候，在选择办公室的时候，我们需要考虑与公司业务的上下游产业链的配套情况。比如，你要做轻奢，你给老板提供的方案是松江地区，那方案基本不会通过。如果你给老板提供的是南京西路或者恒隆附近的，那还是有希望的。在选址报告内，你可以通过对产业链、产业集群和产业地带的描述来增加推荐项目的吸引力。
- 运营成本。这里的运营成本分为一次性成本（物业收费、搬迁成本、空气处理等）和持续性成本（装修分摊、设备成本分摊、家具、通勤车辆、公共费用、员工餐饮成本、员工通勤成本等）。不管大公司还是小公司，对运营成本的分析都可以从上面提到的这几个方面来着手探讨。
- 购楼成本。现在很多现金充裕的公司都会考虑直接买楼。一方面升值潜力大，另一方面综合考虑的话很多园区十年的租金就可以把楼买下来了。从长远看，对公司还是对行政而言，如果有机会买楼，一定要将这个作为卖点推荐一下。

3. 其他要点

- 员工的平均面积。一般来说，比较合适的是控制在人均10㎡左右，如果费用充裕可放大到人均20㎡。
- 有合适的吃饭的地方。
- 良好的通风。尽量选个通风好、采光好的办公室吧。
- 上下班通勤时间与停车位。
- 1500㎡以内的租赁，一定要考虑是否能签短期租约，并约定租金递增比例。
- 该区域是否能找到合适的供应商。

装修和入驻是否顺利，员工满意度是否高，其实在开始阶段就已经定调了，磨刀不误砍柴工，各位行政从业者一定要注意。

人性化还是实用化,利用调研及需求数据来做空间规划管理

利用调研和需求数据做空间规划,适合于各种面积的办公场所。大面积有大面积适用的模型,小面积有小面积适用的模型。当然所有的模型都有其局限性,所以完全靠模型来做空间规划只具有一定的参考性。

为什么现在越来越多的行政人开始重视对空间的有效规划了呢?可能的原因有两个。

(1)费用要求。

(2)业务需求。

那么,如何才能做到"规而有度"的办公空间规划呢?对以往的行政人员而言,获得数据是件很容易的事情。那么,应该如何获得合适的数据并通过分析来了解需求呢?

对于办公空间而言,如何利用调研及需求数据来做规划。接下来,我将尝试通过以下三个角度进行探讨。

1. 办公空间的分类:三类和四型

说到办公空间的分类,大部分人会说"那太简单了"。你可以按照工作区域、仓储区域、休闲区域来分类。还有一种很有意思的分类方法,其按照类型和形式分成了三类、四型。后续所有的调研问卷及分析的变量与维度都基于此。

办公空间的三种类型分别是:独立式、开放式和景观式。

办公空间的四种类型分别是:蜂巢型、密室型、鸡窝型和俱乐部型。

(1)独立式办公形式。就是以工作性质或部门为单位对办公空间进行安排。

特点就是抗干扰性强,但员工间的交互少。

(2)开放式办公形式。是很多互联网公司在用的模式。特点就是员工交流便捷,但抗干扰性差。

(3)景观式办公形式。说到景观式,就要说到谷歌、亚马逊、蚂蚁金服、诺华等公司的办公区,对于部分共享办公类办公空间也多少可以和这个形式挂钩。这个形式的特点是在办公空间的设计中提供一个相对集中有组织的自由环境及视觉环境。

办公空间的四种类型,这个说法源自于英国建筑师弗朗西斯·达菲,他把各种办公空间设计总结为了四种类型,即蜂巢型(Hive)、密室型(Cell)、鸡窝型(Den)、俱乐部型(Club)这四种不同的开放形式。

(1)蜂巢型。通常是财务、行政、银行等部门采用,多采用封闭式或开放式办公空间,其特点是办公空间内的各类办公家具及设备整齐有序,人员彼此互动较少。

(2)密室型。类似律师、涉密部门等,特点是具有高度自主、私密性好和互动性少的特征。

(3)鸡窝型。该类型空间布局的特点决定了这个类型适用团队形式在开敞式空间中进行工作,其特点是互动性高,易于沟通交流。

(4)俱乐部型。这个类型的办公空间兼具了密室型与鸡窝型两种特点,即保持了鸡窝型的互动性高及便于交流的特点,同时也保留了密室型的优点,让每个员工都有充足的个人工作空间。俱乐部型的办公空间大量使用集中式的交流区域,此类型特别适合移动办公。

2. 可参考的调研及用来做分析的维度

如何做办公空间的需求调研,其实每个人都有自己的方法。从实际操作的角度看,访谈法结合问卷调查是获得更多真实数据的有效办法。

通常,我们在问卷内和访谈中分别可以设置哪些问题呢?

(1)基础信息收集

收集基础信息的目的是为判断三类、四型做准备。我们可以通过访谈法来进行，如果你对公司的情况了解得很透彻，自己整理一下就可以。你需要了解的信息如下。

* 公司管理层的平均年龄。管理层的年龄对设计风格的偏好会有明显的差异，从而影响整体规划。
* 公司的组织架构类型。金字塔/扁平化/超扁平化？
* 为本次装修预留的预算。有个大概的预算，其实也能大致地规划出办公空间与配套空间的比例。
* 需要什么时候投入使用。工期直接决定了你能做多少深化及配套。
* 装修项目的使用目的。是纯办公，还是准备做综合办公？
* 公司未来的人员发展情况。一年期的人员增长情况，主要是算比例。
* 涉及新办公区的部门信息及人数。
* 一般多久调整一次？
* 如果调整，调整的面积比例为多少（涉及调整的总面积/总套内面积）。
* 如果调整，调整的人员比例为多少（涉及调整的总人数/总人数）。
* 如果调整，调整的部门比例为多少（涉及调整的部门数/总部门数）。
* 现办公室入驻前做空气治理平均多费多少钱（总费用/总套内面积）。
* 入驻前做了几次空气治理。

（2）办公环境信息收集

- 人均办公面积（就是办公桌围起来的面积）。
- 人均面积（总套内面积/人数）。
- 人均配套面积（总套内配套面积/总人数）。
- 按部门统计的人均面积。
- 按部门统计的人均配套面积。
- 人均小便池数量及缺损情况。
- 人均包厢数量及缺损情况。
- 人均会议室数量。
- 人均空调覆盖面积与规范的差异及实际反馈差异。
- 人均新风量与规范的差异（百分比）。

- 现有用户对新风满意度（评分制）。
- 人均电脑数量（台式机及笔记本）。
- 女性桌面占用比率（选择各部门典型案例，计算桌面空余面积与桌面总面积的比例）。
- 男性桌面占用比率（同女性桌面占用比率）。
- 办公区单位面积内小型绿化数量（可以选择按楼层或按区域，标准一致即可）。
- 办公区单位面积内中型绿化数量。
- 办公区单位面积内大型绿化数量。

（3）现有选位信息

- 靠窗部门与业务的关联性。
- 现有办公室选位顺序。
- 各级别领导占部门使用面积的比例。
- 独立办公室数量。
- 独立办公室面积的大小（如<500m²的办公室，则使用该值）。
- 独立办公室占总面积的比例。
- 以涉及新办公区部门为基准分类的工位空余比例。
- 朝南区域或朝风景最好的区域的部门。
- 选位最差的部门。
- 选位最差的部门现有反馈（评分制）。
- 选位最差的部门与主营业务的关联性（评分制）。
- 靠近厕所的部门。
- 靠近厕所的部门现有反馈（评分制）。

（4）现有配套面积信息

- 茶水间距离最近办公区的步行距离（m）。
- 茶水间距离最远办公区的步行距离（m）。
- 茶水间使用的饮水机类型（评分制）。
- 茶水间类型。

- 茶水间储物空间面积与茶水间总面积的比例。
- 冰箱类型（评分制）。
- 微波炉等数量。
- 设备占用台面面积的比例。
- 茶水间上下水数量（如有）。
- 茶水间单月反臭天数（如有）。
- 厕所单月反臭天数（如有）。
- 厕所单月投诉次数（如有）。
- 是否有母婴室。
- 母婴室使用人数。
- 是否有医务室。
- 医务室月均使用量。
- 医务室坪效（服务人次／面积）。
- 医务室费用比（费用/服务人次）。
- 是否有健身房。
- 健身房月均使用量。
- 健身房坪效。
- 健身房费用比。
- 车位数量。
- 车位数量与总用车人数的比例。
- 电动车充电需求。
- 是否有自行车或电瓶车停车需求。
- 相关车位是否收费。
- 相关车位分配方式。

（5）会议室的信息

- 现有会议室使用率。
- 各类型会议与会议室大小的比例。
- 各类型会议的月度数量及比例。

- 按周及部门统计的会议室内增加会议椅的数量与会议室原有会议椅的比例。
- 特殊类型会议室的数量或与普通会议室的比例（如隔音、涉密、监控或特殊用途）。
- 会议室墙面透明比例。
- 会议室地面磨损情况比例 [原价 × （1-磨损比例）/周使用人次]。
- 会议室设计空调冷量与实际使用人反馈体感比例。
- 会议室设计新风量与实际使用人反馈体感比例。
- 会议室放下会议桌后两侧预留距离。
- 会议室门的类型。
- 会议室墙面类型（是顶天立地还是架在地板上、天花下）。
- 会议室内的信息呈现设备（是投影、白板，还是MAXHB或电视机接HDMI）。

（6）储存的信息
- 业务线是否有独立储存空间。
- 业务线独立储存空间的主要用途。
- 业务线对目前储存空间内的反馈是什么。
- 后勤线是否有独立储存空间。
- 后勤线独立储存空间的主要用途。
- 后勤线对目前储存空间的反馈是什么。
- 快递储存空间的面积（如有）。

（7）餐厨（如有）
- 是否有餐厅。
- 餐厅距离办公区大门的步行距离。
- 餐厅通道数量。
- 餐厅空调坪效（空调制冷量与新风量）。
- 餐厅新风坪效。
- 日均就餐人数。
- 餐厅绿化面积占总面积的比例。

（8）主管层需求收集（收集关键字）
- 目前会议室数量对业务线是否够用。
- 业务线对会议室内配套设备的需求。
- 日常业务线一般在会议室内开多长时间的会议。
- 现有的工位是否能满足3个月的人员增长需求。
- 对于办公区目前规划的密度是否满足业务线的日常使用需求。
- 其他建议。
- 停车或其他车辆停放需求。

（9）关键人物（KOL）员工需求收集（收集关键字）
- 停车位需求。
- 对工位落位的需求。
- 反馈的部门员工的需求。
- 日常影响工作心情的环境因素。
- 对厕所、茶水间、餐厅等的反馈。

（10）一般员工需求收集（访谈法）

对一般员工的需求收集不建议采用调研问卷，因为容易提高员工的心理预期，采用访谈法比较合适。

3. 规划模型的探讨

其本质是根据上面收集的一系列数据，提供一个可参考性的方向。通过权重计算，我们可以根据得分情况，将空间规划方式划分为以下六种。

（1）空间序列型

用序列型作为空间安排的基准是空间规划的一种重要方式。这类空间的规划特点是一种带有体验性的空间，行政通过对空间的规划引导使用者按照设定好的空间去活动和感受。

（2）指示型空间

指示型空间是在单元型空间的基础上，借助有指示性的颜色、材质、装饰、家具等元素来加强氛围的营造，强化空间规划情节。指示型空间规划特别在做办公空间区域划分方面有用。

（3）体验型空间

这种空间规划思维的利用让使用者参与到空间的二次创作中来体验设计意图，主要的措施就是增加互动内容。

（4）主题型空间

这类空间规划开始在一些电竞公司流行。他们通过将空间赋予主题，来区分部分的区域、部门或工作团队。大家如果感兴趣，可以去看看B站的上海办公室。

（5）单元型空间

不可否认，这个类型依然是国内很多办公空间的主流。从现在的观念来看，这种模式缺乏人性化设计，缺少组合变化，也缺少趣味性，但任何的存在一定有其合理性。

（6）创新型空间

目前这个模式也是在探索中，其独立的项目不多，大多是混在其他空间类型中。初衷是通过对空间进行环境优化，增加各类传感器和工具，从而希望空间更加人性化。

对于空间规划来说，一方面做空间规划有感性的一面，另一方面做空间规划又是可以完全依靠大数据来做规划决策。大数据是发现普世价值规则的基础，只有通过规划的准则构建更为精准的模型，以此来展现合理的规划图景。

利用项目管理的思路做好办公室装修

从项目管理的角度看，我们可以将装修这项工作分解为三个大类。每个大类又可以分解出三个子类，每个子类又有各种侧重点。通过对这些大类和子类的控制，才能让自己更好地完成办公室装修的工作。

1. 规划

这里的规划除了空间规划、设备规划外，还有对成本等的规划管理，可以从以下几点来进行考量。

（1）需求

业务需求（业务部门的共性与个性化需求、支持企业发展的需求等）。

空间需求（EHS需求、信息化需求、结构需求、人性化设置、共享空间、工位与会议室等）。

管理需求（专业认证、集控、FM、节能及后续改进等）。

（2）成本

合同支出（合同内约定的支出项目）。

增项减项（变更控制、设计优化、向上管理、验收调试等）。

付款细节（税收、价格明细、物价控制、价格变动、付款进度等）。

（3）时间

进度规划（跨部门协作、合同时间表、缓冲期、加速计划等）。

限制控制（违约金、延期控制、变更控制、审核优化）。

内外协调（工种配合、供应商控制、监理协调、多节点验收、集中授权等）。

作为具体实施的依据,规划的好坏,对结果有直接的影响。在这个阶段,远见和细致特别重要。通常,只要从需求、成本及时间三个维度综合考虑,就能提高规划的整体可操作性。

2. 采购

以合适的价格,选择合适的供应商是行政做装修项目时的终极目标之一。往往因为这样那样的原因,最后采购部门的同事可能会选择对方的完善计划,以价格取胜。就算你做了充足的多维度评价体系,但是基于采购部门基本的合规性要求,价格显然更加重要,这也是其他部门很难反驳的理由。那么,我们在这个环节要注意哪些细节呢?

(1)制定标准

招采清单。

答疑解惑。

多维度评价标准。

(2)实地考察

跨部门组团考察。

访谈项目管理人员。

周边考察。

(3)时间

准备周期。

回标周期。

付款计划。

3. 管理装修项目

在实际操作中,从费用管理的角度来说说,我们应该如何用项目管理的方式来管理装修项目。根据一些数据,装修中的材料和家具的成本将近要占到整体费用的70%。那么,我们如何抓住重点来降低费用呢?

（1）不要苛求或一味地追求所谓的风格

除非老板有强调或者公司业务需求，一般的办公室装修不需要刻意走某种风格。办公室装修还是以实用、环保、经济为主。

（2）隐蔽工程的钱绝对不能省

装修的主要成本是材料和人工。为了给自己减少不必要的麻烦，隐蔽工程的钱一定不要省。

（3）理性对待环保的要求

行政人员做装修就绕不开环保这个话题。无论我们采用何种手段来安抚员工，自己一定要清楚，环保一定要遵从现行法规，也一定要知道每个人对环保的理解不同，这一点是后续造成员工投诉的主要因素之一。

我们除了在装修管理中对环保不能降低要求外，平时也要减少装饰材料的使用，增加通风换气的设备，给窗子加上方便开关的措施，增加一些监测点和对外露出。针对敏感人群制定一些类似在家办公的政策，来解决或减少员工发生投诉的可能性。

对于材料，我们可以选择一些有利于提高环保性的方案。

（4）工业风其实很难做好

工业风有几个特点，线管或线槽外露、水泥墙、暗色调。看图片时会感觉很高级，在实际操作中，除非你花大价钱，否则做出来的不一定好看。

4.控制预算的几点经验

（1）找准办公室的定位

装修的定位是普通办公、公司门面，还是帮助销售？你找准了老板对这次装修的定位，那你申请预算和找对标方案都方便很多了。

（2）设计阶段做好材料、工艺、家具及软装的控制

大量数据表明，设计阶段所产生的成果大概能决定最终结算价格的**70%~90%**，在前期决策基础上确定我们最终设计方案的准确性将直接决定后期实施成本的高低与实施项目管理控制的难易。

所以，我们需要有一个在设计阶段成本控制的概念及流程：

根据预算，下浮10%后交设计公司设计，并在合同上签订相关制约条款，避免设计公司为了设计而设计，从而影响总成本。

按设计的成果、材料清单（品牌、型号、大致用量），大型项目可以由造价咨询公司，小项目可以由装修公司现场勘查后出概算，初步锁定成本。

根据概算，确认甲供或乙供的材料清单。大项目中对一些关键性材料多会采用甲供或甲方指定供应商的方式来保证质量与成本。小项目中，我们可以对一些主要材料锁定供应商的利润率，当然如果是几万元的项目，就不要多纠结了，一般直接砍掉10%左右就可以了。我曾经碰到过很多次小办公室装修，几万元的项目，里面一半是要供应商代缴给物业的。

面子区域的主材合理选择。这里有两方面的概念，一方面是要避免出现非主要区域（领导和客户关注不到的区域，如仓库、踢脚线、茶水间等）的材料选择上用力过猛，这些地方适用和耐用比较重要，美观是其次的。另一方面是在设计时多给设计师灌输预算的问题，多沟通，避免他们追求完美，弄得特别奢华，但公司没预算的窘境。

选择成熟的产品。现在市面上各类新材料层出不穷，除非是必须（如要大理石的效果，但没这个预算，那只能用大理石瓷砖或人造大理石），否则建议尽量少用一些特别新工艺的材料。

为后续运营提前考虑。主要指的是方便后续运营维护及降低维护成本。设计选用的石材当其单价在每平方米500元以上时，就应该考虑采用复合饰面板材代替该石材，如莎安娜米黄等，优等品价格基本在每平方米1000元以上，采用5厚莎安娜米黄+15厚普通米黄单价就可以下降30%~40%，降低成本的效果就非常显著。

（3）争取多维度的供应商评估机制

不管多少金额的项目，行政要争取在供应商的评估上多维度评估，以便最终选择质量好而非价格便宜的供应商。不是说价格便宜的不好，而是如果你仅仅看价格来选择供应商，而不考察供应商的资质、既往项目、项目人员情况、已完成项目反馈等细节的话，会有一定概率在装修中会遇到类似突然要增项、无法按时完工、无法按约定质量交付等问题，最终可能钱还没少花，领导也觉得你能力欠佳，最后亏的还是行政自己。

（4）做好施工工艺及做法的统一交底

很多做过装修的行政人都会碰到一种情况，那就是中标的供应商拿着图纸和你说，设计有问题，要改变工艺或做法，同时要做签证或增项。

其实这一点很好避免，就是做好招采阶段的施工工艺及做法的交底工作即可。

另外，我们可以对供应商提供的施工工艺的建议进行多方案的比较，在确保质量的前提下，把成本降至最低。对于大型的装修项目，在满足需求的前提下，可能工艺只要稍微调整一下，就能省下很多钱。

当然我们在施工过程中，要针对前期的方案对监理、各分包、现场项目经理、班组长、内部的管理人员等进行多次的全员交底。

（5）做好现场成品保护和施工协调能有效降低成本

主要是避免边装边修，边修边破坏。我遇到过很多装修现场，总包刚刚做好了吊顶，却被装电工的弄坏，刚铺好了瓷砖被分包切坏，刚做好了自流平有人踩了上去。最终，就变成了我们行政人员自己的麻烦，毕竟浪费的时间就是切切实实的成本。

好了，说了这么多其实也很难完整地覆盖装修中可能碰到的大大小小的坑，我们只能选择一些典型的可能影响预算控制的点来进行分享。

需要强调的是，虽然我们都在说预算控制，但我们行政人一定要明白在办公室装修上，不该省的钱还是不能省。每一个办公环境都牵涉整个企业的办公集体的使用，满足所有人的使用需求才是最应该考虑的问题。

抓住三大重点，让公司搬迁游刃有余

根据有关报告数据，所有行业企业平均搬迁率为41%。小到办公区内几个卡位调整，大至公司整体搬迁，搬迁可以说是行政的必修课了。

在搬家流程上，每家公司略有不同。搬迁需要所有人的协同配合，如果步调不一致，将会给公司带来额外的成本支出和管理不便。

（1）要确定搬迁组织架构。一般可由公司负责/分管行政的副总挂帅，行政总监牵头，联合行政、财务及各业务部门代表组成。

要明确各部门在搬迁工作中的职责分工和责任人（如私人物品由员工个人负责、部门所有物品由部门负责、公共物品由行政负责等），并就搬迁配合事项达成一致形成会议纪要。明确搬迁工作的沟通和协调机制。

（2）制订明确的搬迁工作计划和梳理搬迁工作要点，并确保所有人员知晓。可通过公司内部邮件、公众号推文及微信工作群转发等多种方式进行宣传贯彻。

（3）对搬家公司进行搬迁工作要求交底，并要求其进行内部培训和宣传贯彻，确保搬家公司所有参与人员熟悉搬出和搬入地的路线、平面布置及工作要求等。

（4）要和搬家公司一起进行详细的场地勘察，包括搬出、搬入地的交通通行状况（车辆停放位置、对车厢尺寸有无特殊要求、是否对货车有通行时间管控等）、搬迁通道状况（可用电梯数量、电梯最大尺寸、消防楼梯数量及位置等）、是否需要找物业开具放行条等。

（5）根据公司人员规模和部门属性，做好搬迁批次与路线规划。如规模较大的，一般选择在周末时间进行搬迁。要做好搬入地的平面规划，具体到部门及人员在平面图上的位置，以及物资在搬出、搬入地的集结/转运位置。

（6）搬迁所需物资准备。包括纸箱、封箱胶、美工刀、标签、马克笔、物资清单、小拖车等。需要提前统计各部门需求数量，由各部门接口人领用后分发给员工。

（7）制作打包、标签填写和粘贴工作指引。员工在搬迁工作中涉及的重要工作就是打包和粘贴标签。该环节如果处理不好，也最容易出问题。比如，员工的箱子标签内容不明确，可能导致物品无法准确送达指定地点甚至有丢失的可能。

（8）对整个搬运过程进行推演，看是否存在路线交叉及其他管理风险、人员配置是否到位等。

（9）提前筹备搬入办公场地的基础条件，确保能为大家提供基础工作和生活条件。比如，电源网络畅通、办公设备齐全、办公环境良好，使大家在搬到新办公地点后尽快具备办公条件，尽量减少搬迁对公司整体业务带来的影响。

（10）对于物品丢失风险，个人要做好物品装箱和封装，交接给搬家公司时做好物资清单签收，贵重物资可安排人员（员工或保安等）随车，同时充分利用搬出和搬入两地的工作人员及视频监控，做好搬迁过程的监控。

（11）对于易损物品做好保护包装，如填充柔软保护物料等，同时做好特殊标签，搬运过程叮嘱搬家公司轻拿轻放，不要翻转等。

此外，要做好搬入场地的成品保护工作，如铺设临时地毯、包裹电梯轿厢和易损物品等，拖车使用软胶轮，保护场地和减少噪音。

（12）关于商业保险的购买。由于搬迁过程中可能会出现无法预估的风险，因此商业保险通常是必不可少的。

第5章　办公无忧：实现企业设施的全生命周期管理

借力网格化思路做好企业办公区域管理

网格化管理在我国目前城市社区管理方面应用较多，是基层社区治理的主要手段之一。依托统一的城市管理以及数字化平台，将城市管理辖区按照一定的标准划分成为单元网格。通过加强对单元网格的部件和事件巡查，建立的一种监督和处置互相分离的管理形式。企业办公区域管理亦可参照网格化思路依托物业公司等服务供应商进行管理，下面以网格化管理的方法在科技园区物业保安管理方面的应用为例进行剖析。

随着总部经济及各类科技产业园区的发展，以某一核心企业为主，聚集产业链合作伙伴而成的科技产业园区越来越普遍。与高层大厦不同，科技产业园区一般具有占地广、分体楼栋多、地理位置较偏、人员类型复杂等特点，与此同时给科技园区的物业管理带来的挑战也越来越大。

项目运作过程中发现，保安仅对站岗小范围负责。一方面，保安工作量不饱和，另一方面，又会导致现场管理存在大量的真空地带，从而带来更多隐患。

针对本园区的实际情况与运作特点，提出了一种基于区域与时间双轨控制的网格化管理方案，确保每个区域每个时间都有相应的网格负责人，并承担相应工作职责和管理责任。双轨控制的网格化管理方案主要有如下特点。

1. 区域基础上的时间延伸

结合岗位配置情况，首先，确保网格划分在物理区域上达到完全穷尽和相对独立，其次，除24小时岗位以外的网格，需要结合巡逻岗的再分配，使相应网格在无人正常值守期间仍有网格巡查人员覆盖。

2. 与原有管理基础一脉相承

双轨控制的网格化管理方案并非是全新的东西,其实际是在原有职责与工作标准等的基础上优化而成的,如将岗位职责升级为网格职责、增加其他专业巡查工作内容等。

那么,应该如何落实网格化管理呢?我们可参照以下主要步骤。

(1)网格划分清晰。网格划分一方面要划分完全,确保不留真空地带,另一方面要使网格划分的大小合理,确保工作均衡。此外,边界划分尽量参考现有物理边界,如楼宇外墙、马路边界等。网格划分结果最终以平面图呈现(辅之以文字描述),这样可以使保安对自己网格边界有最直观的了解和认识。

(2)职责与工作标准明确。网格职责应尽量简单明了,因为大部分保安知识水平较低,写太多记不住反而起反作用。

保安队长、领班的管理网格则可在基础网格上组合而成,并增加相应的网格职责,如网格职责的培训、大网格巡查等。保安经理则负责整体网格的划分、网格职责与工作标准等的制定与优化。

(3)工作与其他专业有机结合。保安在开展网格工作中,除执行本专业职责范围内的工作外,还需对其他专业的工作进行综合监管。发现问题可以处理的,要立即进行处理,不能处理的,应报告给相应专业部门或是诉求处理部门,由相应部门统筹跟进后续处理。

(4)网格表现与绩效挂钩。政策或办法的推进,必须有配套的考核方法,否则又将流于形式。为鼓励先进,惩戒不合格网格,可将网格表现与绩效工资挂钩。对网格表现进行量化打分,并根据考核结果,不好的扣除相应绩效工作,扣除的绩效工作可用于对先进网格的激励,总体费用亦不会发生变化。

以上是网格化管理在保安工作中的应用,后续可推广至物业管理的其他领域或是整个项目运作,如按整体项目所有人员来划分网格,则可实现更加精细化的管理。

别让工位管理成为"定时炸弹"

当前社会竞争愈发激烈，工作生活节奏也在不断加快，伴随着互联网行业为代表的高薪行业出现的是日益盛行的加班文化，员工尤其是工程师在公司工位的时间远超过在床上睡觉的时间。但回想一下又有多少公司能够像为自己家添置床一样去考虑公司办公室的工位管理呢？

工位管理，虽然只是行政工作的一小部分，但也具有非常重要的意义。一方面可实现公司资源的最大化利用和降低运营成本；另一方面通过营造安全舒适的工作环境，可以进一步激发员工工作热情，为公司创造更大价值。

那么，如何才能实现工位的有效管理呢？建议从工位的规划设计与实施、资源分配、使用与维护管理等几个方面开展。

一、工位管理应贯穿于规划、设计与装修施工的全过程

无论是自购还是租赁物业，在预算允许的情况下，要尽可能从规划设计的源头开始考虑工位管理。

1. 要充分了解工位需求

如企业内部部门架构及人员特点，现有人员的数据，以及未来人才发展规划可能产生的工位需求。

企业对工位风格的总体偏向（如屏风式卡座、开放式卡座等），员工关怀考虑（如可供休息的组合柜、缓解长久坐姿或用于小团队讨论的升降桌等），资料存放的要求（抽屉柜之外的资料柜需求）。

2. 总体考虑工位的规划设计

基于对需求的调查和分析，结合公司企业文化开展工位的总体规划设计，主要包括区域布局规划、办公家具设计、强弱电走线规划等。

在区域布局规划时，主要考虑各部门特性及关联程度，如财务、内控等部门不适宜规划在入口或靠走廊的地方，而行政等服务型部门则需要尽可能和员工有更大交集。项目设计部门与建设部门则考虑就近安排，因为他们之间会有大量业务往来。为使工位管理有一定弹性，可采用固定工位为主、流动工位为辅的方式。

办公家具的设计，可借助专业家具公司力量，由家具公司根据企业的需求与规划思路提供相应解决方案，重点关注家具的环保性能。尤其需要关注的是要明确家具对强弱电点位的需求，做好衔接配合。由于强弱电管线大都是在地面开槽走线，点位需求一旦有偏差，则会带来大量的调整工作。

3. 具体的装修实施

在前两步的基础上，装修阶段主要关注的就是质量验收以及少量的现场变更问题了。在最终投入使用前，还需要进行现场空气质量检测与治理，可采用光触媒治理、绿植布置等综合手段，不过最有效的还是过硬的品质和良好的通风。

二、统筹做好工位资源的分配管理工作

1. 建立工位资源数据库

工位也是企业的宝贵资源。为发挥工位的最大功效，行政部门要建立工位资源数据库，包括工位平面布置图、工位资源统计表等，为后续的分配、协调等奠定基础。

2. 制订工位分配管理规则

应遵循统一规划、按需使用的原则，对各部门的工位需求在进行初始分配后，不定期动态调整。同时，对分配给业务部门的工位，要按顺序使用，以便于开展后续动态回收。

3. 实施动态监控

结合工位分配情况、实际到位情况及突发工位需求，对工位进行动态监控和调整。

4. 有条件的企业也可以开展智能工位管理系统建设

实现工位申请、工位导引、工位使用情况统计等，最大化地利用现有工位资源，同时积累数据为后续办公室装修设计提供决策依据。

三、工位使用与维护管理

工位使用与维护管理是行政工作量较大的环节。那么，这其中有什么经验值得分享吗？以下四点值得大家借鉴。

1. 工位安全管理

虽然大家都知道安全的重要性，但好像觉得安全和一个小小工位没有太大关系。因为对某些知识的缺乏导致出现安全隐患而不自知，所以有必要制订工位安全管理规则，并进行相应宣传培训、巡查和处理，最终形成闭环管理。

工位安全管理规则，包括行为准则和处理措施等。工位安全风险主要是用电安全，要做到不使用大功率电器、排插不多级串联、及时关闭电脑等办公设备电源和插座等。处理措施包括提醒沟通、通报、其他处理等。

宣传教育，主要集中在主体责任和案例警示方面。一方面明确因个人工位管理不善引起安全问题需承担主体责任，另一方面通过过往案例使员工了解可能存在的风险，起到相应的警示作用。

采用两级巡查机制。各部门设立安全监督员，对工位的安全情况进行巡查，对发现的问题进行记录和督促整改。行政部门不定期对工位进行抽查。

2. 工位环境管理

整洁有序的工位环境，不仅可以减少搜寻东西的时间，提高工作效率，还是企业文化的良好展现。形成良好习惯并不困难，我们可以借鉴现场5S管理思路（5S即整理SEIRI、整顿SEITON、清扫SEISO、清洁SEIKETS、素养SHITSKE），桌面只保留"待处理"文件和高频使用材料，已完成项目尽可能归档、存放于抽屉中。也可以此为主题开展相关评比活动，激发大家参与热情。当然，也可以邀请老板深入基层、深入现场。

3. 工位钥匙管理

对规模较大的企业，工位钥匙数量也是不小的数目。人员的流动、调整，都会涉及钥匙的交接，日常工作中经常会碰到钥匙丢失的情况。

对于固定工位，在非紧急情况下尽量少使用行政留存的万能钥匙。在分配工位时，对钥匙的交付要定人定责，如发生丢失需照价赔偿，由行政人员统一安排更换。虽然费用不是太高，但这是一种态度。

对于流动工位，尽量采用寄存柜的形式存放物品（主要是背包等），扫码或是指纹开启，省去了用钥匙的烦恼。

4. 工位维护维修管理

相对来说，办公家具和强弱电线路发生故障的概率较小，工位维护、维修的工作主要集中在易耗品的备品备件管理（如钥匙、座椅配件等，需预留合适的数量，确保能及时更换）和易损物件的预防性维修方面（如座椅的定期调整与检修）。

工位管理事情虽小，但对员工关系重大，在以人为本的今天，工位管理需要引起更多的重视和投入。

防出来和练出来的企业安全管理

关于安全工作对企业的重要性,可以用10000和00001两个数字来说明下,10000很大,1很小,因为安全是1,其他是0,安全是一票否决项,如果没有安全的1,再多的0也没有意义。因此,我们一定要把安全工作想在前,做在前,防在前,而不是等出事后再来后悔和补救。

那么,如何才能做好企业安全工作?我们可以从以下几个方面考虑。

一、明确组织架构,提高重视程度

1. 首先要对我国《中华人民共和国安全生产法》(简称《安全生产法》)法律法规有一定了解

《安全生产法》是安全领域的基本法,类似于《宪法》在国家法律中的地位。因此,强烈建议所有涉及安全相关工作的人员,都必须认真学习了解《安全生产法》。

2. 根据企业性质与规模,合理确定安全管理机构或人员

《安全生产法》第二十一条规定,矿山、金属冶炼、建筑施工、道路运输单位和危险物品的生产、经营、储存单位,应当设置安全生产管理机构或者配备专职安全生产管理人员。

前款规定以外的其他生产经营单位,从业人员超过一百人,应当设置安全生产管理机构或者配备专职安全生产管理人员;从业人员在一百人以下,应当配备专职或者兼职的安全生产管理人员。

3. 让所有人员包括老板在内明白自己的安全职责

比如,《安全生产法》第十八条规定,生产经营单位的主要负责人对本单位安全生产工作负有下列职责:

(1)建立、健全本单位安全生产责任制;

(2)组织制定本单位安全生产规章制度和操作规程;

(3)组织制订并实施本单位安全生产教育和培训计划;

(4)保证本单位安全生产投入的有效实施;

(5)督促、检查本单位的安全生产工作,及时消除生产安全事故隐患;

(6)组织制定并实施本单位的生产安全事故应急救援预案;

(7)及时、如实报告生产安全事故。

二、围绕重点,建立工作标准和流程

行政安全工作包括方方面面,如消防安全、出入安全、食品安全等,需要建立各项工作标准和流程,以辅助相关工作的开展。

1. 人、车、物的进出管理

根据人员类型及场景,制定相应的出入管理流程,如员工及常驻合作伙伴刷卡/身份证进出,访客经预约审批后进出等。集体参观来访等需要专人接待引导等。

车辆进出除了考虑员工车辆根据授权进入外,还需考虑是否给访客提供车辆停放等,以及考虑车辆在入口无法顺利进入时的细分场景,如果是系统故障等造成无法进入可核对登记后放行,不具备进入权限的礼貌劝离,若造成堵塞时可先放行然后监控其马上驶出。

物品带离公司或园区,需要由带出人提出申请(包括物品名称、型号、数量、图片等),经部门安全员审批后,由保安核对无误后放行。

2. 消防和技防系统使用维护管理

建立消安防系统设备台账,根据设备特点制订巡检和维保工作要求,强化过程管理,加强监督检查,提高维保单位违规成本。

要明确视频上墙及轮巡规范,第一时间发现和解决监控视频存在的问题,确保为现场运营提供有力的证据。消防值班要严格落实双人24小时值班要求,对消防告警要协调保安进行现场确认,并按现场情况采取消除告警或是扑救、疏散、报警等措施。

三、加强防控和演练,实现闭环迭代

除了安全基础工作之外,我们的重心还要放在如何防范危险事件的发生。

首先,进行危险源评估,通过科学的评估方法,筛选出存在重大风险的场所、设备或是工艺流程,建立危险源档案,然后确定相应的安全防控对策。

常用的评估方法是:作业条件危险性评价法等。具体是将作业条件的危险性作因变量(D),事故或危险事件发生的可能性(L)、暴露于危险环境的频率(E)及危险严重程度(C)为自变量,确定它们之间的函数式,用公式表示则为$D=L \times E \times C$。作业条件危险性分值(D)越大,则作业条件的危险性也越大。

针对各类典型场景按类别制定突发事件应急预案,包括日常运营类(电梯困人、燃气泄漏、突发火灾等)、业务相关类(工人讨薪、拉横幅等)。明确应急管理组织架构、处置流程与方案、联动及汇报机制等。

预案只是第一步,还要看真实事件发生是否能按照预案推行。因此最关键的是要不定期组织跨部门和实景演练,检验应急处置能力和协同配合能力。同时,总结演练和实际处置过程经验,不断优化完善应急预案和将风险管控嵌入到业务部门工作标准中,实现风险防控前移,确保同类问题不再重复发生。

不怕事，突发事件的行政应对之道

要想做好突发事件应急管理，首先要知道有哪些情况可以称之为突发事件。一般来说，突发事件就是所谓的天灾人祸。那么，通常哪些属于行政管理中的天灾人祸呢？

（1）从EHS的范畴看，包含自然灾害、事故灾难、公共卫生事件和社会安全事件。

（2）从FM的范畴看，包含治安突发情况、设备突发情况、消防突发情况、气温突发情况、天气突发情况、交通突发情况和投诉索赔突发情况。

对于行政而言，建议我们应该选择范围更大的FM范畴内包含的突发情况来做我们的应急预案。当然，覆盖范围越大，涉及的部门就越多，如物业部、工程部、法务部、PR部等。大部分的突发事件基本不是一个部门能搞定的，需要跨部门甚至是多个部门协作才能搞定。因此，请留心五个关键点。

① 不管你觉得突发事件是多么不可预料，也要完善预案，确保有明确的应对流程，有明确的责任人，有明确的或可参考的快速反应机制，从而确保在突发情况发生的时候，有相应的人员能够第一时间处理和应对。

② 有了预案仅仅是一个方面。为什么消防要一直实战演练呢？其目的就是为了通过演练加强学习，通过实战演练将预案落实为实践经验，这样万一发生应急事件，才不会手忙脚乱。

③ 碰到事情要沉着冷静、仔细观察和果断勇敢，严格按照预案与规章制度走，坚决彻底地执行。

④ 很多应急事件在发生前往往会有一些征兆，平时我们可以多注意观察一些

细节。比如，空调大面积漏水前肯定会有制冷突然变差的情况，如果能及时发现和排查这些看似细小的问题，那就可以将很多突发事件解决在初始阶段了。

⑤ 有条件的话，根据不同的应急事件进行登记划分，并制订不同的上报制度，获得公司主管领导确认后执行。

现在，我将基于各种情境说明应对措施，供大家参考。

情境1：办公区内发现可疑人员

应急处理要点：迅速确认可疑人员情况，分类处理。

处理参考：

* 当在办公区内发现形迹可疑的可疑人员或接到相关报告时，应该迅速对此人进行询问，如果是访客则客气地引导到访客区并协助联系。

* 如果属于明显缺乏可信度、推销人员或者说话前后矛盾的，应立刻有力且客气地请其在一个会议室内就座，通知物业保安一起，调取监控，确认是否发生损失。

* 若有证据表明此人有问题，可以让物业联系辖区民警或拨打110报警处理。

* 如若可疑人员夺路而逃，不要去追赶，应立刻报警，并将其相貌、身高、衣着及其他特征和逃走方向告诉给民警。

* 后续应协助物业建立黑名单制度，将这类访客尽量在物业处拦截。

* 有条件的，在办公室设立多道门禁，这样可有效防止可疑人员进入办公区。

* 通过正面宣传、奖励等措施鼓励员工养成发现可疑人员第一时间通知行政人员的习惯，并长期宣传和教育。

情境2：斗殴事件

应急处理要点：迅速制止斗殴，避免人员、自身及公司资产受损。

处理参考：

* 不管从哪个渠道获得信息，应该第一时间通知涉及人员的部门领导、HRBP（人力资源业务合作伙伴）及行政人员与当地的领导。

* 如果发生伤人事件，应立刻送医并征求HR与法务部门的意见后，确认是否

报警处理。

* 如果行政要劝架的，应该集结两倍于斗殴人员的力量，迅速分开斗殴的人员，并控制起来；如果对方有器械的，应该第一时间收缴所有器械并保存相关地点的监控录像。

* 负责在办公区内的斗殴情况。如果员工在外斗殴，可协助其报警并送医，但坚决拒绝参与斗殴或任何的报复行为。

* 事发当天，不管最后处理情况如何，行政人员或安保负责人都应该出具一份比较详细客观描述事情经过的情况说明给到直属领导，方便公司调查事件经过。

情境3：火灾

应急处理要点：安全撤离人员，尽力扑灭小火灾，及时报警，在消防和民警来前，封锁现场，减少事件损失和二次人员伤害。

处理参考：

* 日常应提前做好相关预案，并坚持每年两次的全员实战演练。

* 获得火灾信息后，应该第一时间到现场确认，并同步按预案进行汇报，按预案选择自主灭火或与领导确认后，拨打119火警电话报警。

* 立刻组织人员按预案的疏散路线进行疏散，疏散完成时间应控制在30秒内，并在1分钟内完成复查后撤离。

* 同步安排电工或物业，对着火区域及邻近区域进行断电。

* 火灾不严重时，要及时使用消防栓、灭火器材等进行灭火自救，争取在消防队到达之前，全力灭火，控制火势，保障应急照明。

* 如果在现场自行灭火无法控制火势的情况下，应第一时间撤离，并在周边设置警戒线，防止非消防人员进入火场。火灾扑灭后，相关警戒线必须要听取消防部门的命令，方可解除。

* 行政人员应联系物业、保险公司、法务及财务部门，清查损失，及时启动索赔程序。

情境4：触电

应急处理要点：要第一时间抢救触电者，避免在抢救时发生其他事故。

处理参考：

* 非专业人士请在确保自身安全的情况下抢救触电者。

* 如发生触电事件，自行摆脱，行政人员应在收到后，第一时间切断相关区域的电源，并安排维修。

* 如无法自行摆脱，办公区内多为"低压"(220/380V)触电，可以采用先切断电源的办法解救（如拔下插头、断开插座、切断导线之类）。

* 若无法及时切断电源，可用身边的类似键盘、书本、塑料棒、木板、厚衣服等绝缘材料，设法将触电者从电源上移开，避免碰到任何金属物体或触电者的裸露身体。

* 第一时间拨打120急救电话，并在120的指导下开展现场抢救，记得安排人员引导120急救人员进入办公区。

* 当触电者脱离电源后，不要轻易移动触电者，行政人员或安保部门应立刻疏散周围的人群，让触电者仰卧，保持周围空气流通，注意保暖。

* 如果有人持有急救证，应在120的指引下对触电者进行第一时间的抢救，比如心肺复苏术。

* 触电现场应在确认触电原因、经电工检查和维修工作完成后才能继续开放使用。

* 日常应对办公室内的电器进行定期检查，避免员工使用劣质的插座或大功率的电器。

情境5：交通事件

应急处理要点：防范事故，尽快用合适的方式救治受伤的员工。

处理参考：

* 如在外人员发生交通安全事故，要第一时间报警，然后再通知公司相关领导。

* 如果人员没事，应第一时间撤离事故区域，避免出现二次事故。

* 如员工在公司附近发生交通安全事故的，除了上述措施外，行政人员应第一时间通知部门领导和HRBP，并及时赶到现场协助伤者处理。

* 积极协助受伤者联系保险公司及工会等组织，便于其争取赔偿和补助。

情境6：上门闹事（讨债、索赔、劳动纠纷等）

应急处理要点：避免正面冲突，留意闹事者的样貌特点。

处理参考：

* 当办公区发生上门闹事时，在场员工应避免与闹事者发生正面冲突，立刻通知行政人员到场。

* 行政第一时间通知安保或物业安保到场。如没有安保，则邀请几位强壮的同事一起前往。

* 第一时间引导闹事者到就近会议室落座奉茶后，了解其闹事原因，要记得录音。

* 根据反馈的情况，不卑不亢地向其反馈将联系相关人员。第一时间通知相关领导及对接人员，确认后续处理方案后向闹事者反馈。

* 如闹事者情绪激动或有暴力倾向或有拉横幅之类的举行，要立刻终止沟通，并远离闹事者，安排人员报警。待警察到了之后再继续处理。

* 在场人员不可向外界或无关人员透露任何消息，不准拍摄照片。

情境7：台风

应急处理要点：遵从政府相关部门指导，根据应急预案处理。

处理参考：

* 沿海区域的大型办公区应有台风预案，租赁办公楼且面积小的可以根据大楼物业安排。

* 大型办公区应在收到政府发布的台风警报后，安排人员值守，特别是工程与安保人员。并建立微信群等联系渠道，及时汇报进度。

* 大型办公区应在台风季之前安排对天棚、墙外装饰、招牌等进行检查，必要

时进行加固。

* 要做好电力设备的提前检修和保障工作，防止因台风引起线路故障或电击伤人事故。

* 收到台风警报后，要检查一下下水道、防水门及户外的附属物，并对电路做一次检查。部分门和窗在有必要的情况下，需要做加固。清空地下车库的车辆，并在车库入口加装防水栏。

情境8：媒体上门采访

应急处理要点：专业人员及时对接，现场控制采访范围。

处理参考：

* 日常应让员工知道，不能擅自接受任何媒体的采访，并第一时间通知行政或PR（公关广告）部门。

* 行政到达现场后，应第一时间开启录音，并引导媒体及随行人员进入独立的会议室，向媒体了解相关问题后，有礼有节地表示将有专业部门对接（如有）或请示领导。行政人员奉上茶水后，要第一时间通知相关部门领导及行政部门领导，反馈媒体要求，等待指示。

* 根据相关部门领导或部门领导的指示对接，或陪同媒体至后续处理人员到场或电话接入。

* 行政离场后，应第一时间按实际情况提交一份情况说明，连同录音文件提交给相关部门。

如何搞定大规模物业管理项目

随着企业总部大楼和产业园区的兴起,以及行业专业化分工的不断演进,大量基础性工作都按照专业外包的方式开展,企业仅设置少量行政岗位对外包工作进行统筹管理,相信也有越来越多的行政人加入了对接物业管理的行列。

物业行业属于劳动力密集型行业,人员素质偏低,人员流动性大。要使物业公司能够按照甲方要求,提供高标准以及持续稳定的服务,其实是一件非常不简单的事情。

下面结合本人过往的经验,从合作准入、人才管理、质量管理和考核结算四个方面和大家分享一下对物业公司的全过程管理。

一、合作准入:选择一家合适的物业公司是良好开端

目前大部分企业的物业管理都采取服务外包的方式,因此选择一家合适的物业公司便是行政人员必须面对的工作之一。

1. 供应商选取

不同企业有不同的采购模式,以下几个方面可供选择时参考。

在专业资质方面,可考察物业公司具备的资质等级。虽然,国家近期已取消物业管理资质的核定,但仍可作为重要参考因素之一,毕竟能达到国家资质标准的,公司本身已具备相应的综合实力。

在项目经验方面,可重点考察物业公司的同类项目经验,包括同类项目经验的数量、服务时间长短等。物业公司需提供相应合同、发票及甲方联系人等证明材料,有条件的还可以实地考察下。

在团队成员方面，重点关注团队成员的综合素质、项目经验及稳定性。物业公司拟投入项目的团队成员，需要提供相应的社保证明，从公司为人员购买社保的时间长短可以大概看出该公司的人员稳定程度，侧面体现物业公司的企业文化。

2. 合同设计

有人会说，要是无法选到中意的物业公司怎么办？这个时候合同的设计就显得尤为重要了。因为最终的合作落实、执行、考核、结算及纠纷处理等都是以合同为基础的，违规的公司最终要靠合同来收拾。

要做到管理模式清晰。确定合作共赢主基调，期望物业公司能为甲方提供优质服务，同时赚取合理利润。明确管理模式，结合企业实际情况选择合作模式，如成本酬金制或包干制。合作周期可考虑为2~3年，时间太短物业公司刚熟悉情况就要退场（如后续未中标继续合作的话），则物业公司不愿投入人力物力；时间太长又要考虑极端情况下如不合适怎么解除合同（实际操作中解除合同较为困难）。

要做到报价结构合理。合同报价表的设计是管理思路的直接体现。为避免后续执行的纠纷，尽可能采用预估工作量。采购时按单价报价，执行按发生工作量和报价按实结算，尽量减少议价环节。同时，考虑物业工作的复杂性和特殊性，可预留部分机动资源，双方议价经不同层级审批后生效，以应对各类突发情况。

要做到管理考核标准明确。要在合同设计阶段就明确物业服务的主要工作内容和服务标准要求，使物业公司在招投标阶段就能了解甲方的需求，合理评估相应人力和设备等资源配置，针对各项工作标准制定量化考核要求。

二、人才管理：高度重视物业骨干团队的培养

毫无疑问，物业行业人员流动性太大了，找到合适的人不容易，培养出来的人又留不住。那么，怎么才能确保服务的持续稳定呢？

注重物业公司人才培养，尤其对骨干团队的人员培养尤为重要。骨干团队在工作执行过程中发挥着承上启下的作用。骨干团队需要在接收并理解甲方工作意图的同时将工作分解到一线员工去落实并关注成效。一方面，通过项目实践加强在专业纵深方面的锻炼，另一方面，通过参与落实甲方的各项工作要求，如管理方法实践、重大问题解决等，充分吸收积累管理经验，拓宽知识面。

注重物业人员利益维护。在物业公司赚取合理利润的同时，要关注物业员工的利益，毕竟逐利是公司的本质。最基础的就是要求物业公司必须按规定为所有人员购买社保，如资源较充足，还可在物业费中约定年终奖（如双薪）、工资递增幅度（考虑较长合同周期时的人工成本及CPI增长等），并且约定这些费用必须落实发给员工，否则甲方也不予支付给物业公司。

三、质量控制：结合物业行业优势和企业特点开展质量管理

物业公司输出的是基础模块化服务，而各企业的企业文化、服务要求又各不相同，如何实现服务需求与服务提供的良好匹配，确保服务满足甲方要求，这就需要开展质量控制工作。

开展标准化作业编制工作。基于SOP管理（标准作业程序）和ISO体系认证，开展各岗位工作职责梳理，及各模块工作标准、流程、方案、表单等的编制工作，为各项工作开展提供指导。定期对标准化文件进行评估，组织开展流程穿越和内审监督，不断更新优化，确保符合管理要求。

构建高效工作对接机制。建立工作清单制，业主提出的各项工作要求（含不同渠道如邮件、会议、微信等）均纳入工作清单，并根据要求时限进行落实和反馈。

四、考核结算：善用考核和结算实现闭环管理

合作愉快自然是大家都梦寐以求的事情，但过程中或多或少都会有些摩擦，制定考核与结算机制就能对物业公司起到制约作用。

考核扣款不是最终的目的，考核只是一种手段，以便当合作方向偏离航道时及时进行纠偏。

建立丰富的考核模式，提高物业公司违约成本。物业费支付与考核分数挂钩，按比例支付费用；除常规月度或季度考核外，设置单项考核条款，如出现重大投诉或是发生重大事件，则按单次进行考核，即时生效。

结算重点关注员工待遇落实。甲方对员工薪酬的要求及物业公司的各种承诺最终会落实到结算工作上，可要求物业公司提供社保局打印的社保清单，确保有为员工购买社保。同时可要求提供银行流水，用于核对员工待遇实发情况。

老板丢给我一个科技产业园区,到底需要怎么管

环境优美,建筑宏伟气派,充满科技与人文感……曾经,百度科技园、阿里巴巴西溪园区、华为松山湖基地等科技产业园区一次次撩拨着我们的心弦,在这些地方上班该是怎样一种体验。

作为行政人员,除了羡慕以外,让我思考更多的是背后的故事:如何才能管理好一个园区。

在谈园区管理与服务之前,我们先简单了解下园区的类型与特点。

与政府主导型的各类经济技术开发园区及开发商主导的特色小镇不同,现在越来越多的科技产业园区是以某一高科技技术企业为主,聚集产业链合作伙伴而成。整个园区的管理与服务基本是由行政员工来负责。

与总部大厦不同,科技产业园区具有以下几个特点。

一是园区占地广,分体楼栋多,园区内情况较为复杂,如有山体、水体等。

二是地理位置一般较偏。受限与市区土地供应紧张及园区建设对自然环境等的要求,园区选址普遍较偏。

三是人员类型复杂。园区内主导企业自身员工、产业链合作单位员工、为园区提供后勤服务的合作商人员,如属于边建设边运营的园区,还会有施工单位人员。

为了更好地开展园区管理与服务工作,首先应确定工作的目标与定位、管理模式等,采取自主统筹管理与专业外包相结合方式,整合优质资源,实现园区一体化管理。

下面从安全管理、工作环境、生活服务三个方面谈谈推进园区管理与服务的具体举措。

从新手到总监：行政管理者的职场进阶日志

一、人机结合，构建安全护城河

园区运营管理，安全是放在首位的。如果没有安全基础，其他都是空谈。园区安全管理主要采用人防+技防模式。

1. 群策群力，实现安全管理全覆盖

针对园区总体情况，从运营管理角度出发，首先，要对园区进行风险评估，梳理出高危风险点，建立危险源档案库。然后，针对危险源和常见突发状况（如恶劣天气、火警、设备故障、群体事件等）制定总体应急预案和各专项应急预案。最后，组建起专业安全队伍，形成安全保障能力。

安全队伍是人防的核心环节，一方面，要与属地的派出所、消防及管委会等密切合作，实现联防共治；另一方面，要建立以物业公司保安或专业保安公司为主体的安全队伍，负责园区的进出管理、治安巡逻、应急事件处理等。

保安岗位配置要与技防手段结合，确定以技防为主保安为辅、巡检为主固定岗位为辅的管理模式。同时针对各场所特点进行岗位布置，如大门及监控中心等设置24小时岗位、要道交通指挥岗等设置12小时岗位，实现人力资源最优配置。此外，考虑园区面积大，要配备警务巡逻电瓶车等机动车辆，形成快速处置能力。

针对园区产业链合作伙伴及配套支撑单位，首先，与其签订安全协议，约定安全责任、安全边界及违规处罚措施；其次，要进行安全交底，把园区的安全管理制度要求、现场安全情况等对各单位进行书面交底；最后，要根据园区的安全管理统一部署，对各单位进行监督检查并督促落实整改，消除安全隐患，降低安全风险。

2. 借助技防手段，筑牢安全防线

园区大门车牌识别系统是第一道安全防线（部分封闭式园区还有配套人行闸机）。这么做可以使未授权车辆（已授权车辆包括企业自有员工车辆和已预约访客车辆等）无法直接进入，需办理来访手续后方可进入。

楼栋首层门闸机和办公区门禁构成第二和第三道安全防线，具有相应权限的人员方可进入对应区域，防止无关人员随意进入办公场地及访客进入非授权区域。

通过分布于各交通要道、出入口及重点场所的监控视频可对园区实时安全情况进行监控。一旦发现异常情况可及时调配安全力量进行处理，同时也为事件发生后的调查工作提供依据。

基于消防系统（包括烟温感、极早期告警、消防广播与警铃系统、喷淋系统、消防栓系统、水炮系统、气体灭火系统等）为各场所提供安全保障，有效监控与处理火灾隐患。

最后，在基础消防和安防系统基础上，进一步利用智能安防平台的功能，实现各系统智能联动，提高安全管理工作效能，如检测到门禁异常时自动跳出相应区域视频、人脸识别及轨迹分析等。

二、软硬兼施，营造良好工作环境

良好的工作环境已成为大家选择公司时的重要参考指标之一，具有得天独厚优势的园区在这方面自然要大做文章，主要通过专业服务外包的物业公司去实现。

1. 打造完善硬环境

在户外环境方面，充分发挥环境优势，做好室外园林种植与养护，如按片区和季节特性规划植物类型，开展特色果树种植，做到不出园区即可赏花摘果。同时做好园区内车流与人流路径规划，为大家在园区内的休闲运动提供安全保障。

在工作空间方面，配置打印复印一体机、碎纸机、投影仪等设备，为员工提供办公支持；配置快递柜、自助咖啡机、售货机等自助/共享设备，为日常工作提供便利；开展室内绿化布置，美化环境，激发活力。

在设施管理方面，基于楼宇自控系统实现电梯、空调、给排水等系统的自动控制和管理，为楼宇的正常运转提供保障；开展设施设备全生命周期管理，包括台账建立、维修保养计划制订、例行检修与故障处理等，为设备运作提供基础支持；同时还要开展能源管理工作。通过制订节能目标与计划，推进节能举措，实现节能降耗，履行企业社会责任。

2. 提供优质软服务

访客与停车服务。园区除了自有人员办公外，还会有大量的访客与交流人员。大家对园区满意与否，第一印象显得至关重要。简单可靠的访客流程是基础，周到服务是关键。提前为访客办好预约，经车牌识别或身份识别即可无障碍进入园区，并享受无缝覆盖的Wi-Fi和精准的车位导引。

客服服务。前台接待、会议支撑、诉求接受与处理自然少不了客服，同时也是一道靓丽风景线。

环境服务。除了日常的办公室清洁外，园区还要重点考虑的有四害消杀、白蚁防治等专业性工作。

三、以人为本，打造生活服务港湾

由于园区地理位置关系，完善的生活服务配套对园区运营来说至关重要。如何确保员工不出园区即可享受在城区一样便利的服务是需要重点考虑的问题。

1. 聚焦解决餐饮和交通问题

在餐饮方面，采用主要餐饮与特色餐饮结合模式，在主要餐饮方面引入至少两家供应商提供供餐服务，做到有竞争、有对比、可替换，供餐方式可自选、可围餐、可宴请；在特色餐饮方面，引入各种地方特色餐饮如面档、粥档等，提供多样化选择。

在交通方面，一是加强与政府合作力度，推动公交配套资源落实，如增设站点、增加或调整线路使公交经过园区所在地；二是引入市场化共享单车，实现与周边地铁与公交站点接驳；三是由企业提供配套交通。

企业在提供配套交通时要重点考虑上下班、商务和摆渡三种类型。

2. 尽可能提供360度配套服务

充分利用园区的品牌和规模优势，积极开展各类品牌供应商引入工作，在前期可给予相应场地或水电优惠，以吸引供应商加入。

在服务内容方面，可围绕园区人员的生活诉求来设计，其中日常生活类如超市（含卖菜）、理发、洗衣，文体休闲类如健身房、图书馆等，增值服务类如洗车等，其他业务如银行业务等。

当然，为降低管理工作量，可将上述服务与园区主要服务供应商整合，如将洗车等纳入物业公司；将生鲜、水果及熟食外卖等纳入餐饮公司中。

总之，要打造生活服务的幸福港湾，让员工无后顾之忧，可安心投入工作。

当然，以上是基于园区具有较好规划与硬件配套的情况下的管理与服务方案，也仅是满足园区基本办公生活需求的一些思考和探索。

第 6 章

满意提升：
推进 360° 员工文化福利活动

如何快速构思一个行政类活动

活动的第一步是构思一个创意。同样的主题,不同的人会有不同的创意。同样的人,同样的事情,在不同的情境、不同的方法指导下,其创意也是千变万化的。

构思创意的方法很多,可以是团队的头脑风暴,思维导图,也可以是个人的智慧体现。

但归根到底,为了适应快速变化的业务需求,我们势必要快速地进行响应。作为一个需要经常提出各类活动点子的行政,最实际、最根本、最迫切的需求,还是快速。

抓住最佳的宣传窗口才能起到好的作用。比如,做垃圾分类宣传时,最佳的方式可能是短时集中的宣传,配合着社会上大量的宣传一起进行。再如,公司发季报了,当天做宣传和第二天做宣传的热度会差很大。

因此,行政人员在出活动点子的时候,一定要能快速地响应需求,具体的操作细节可以花点时间细化,但出方案一定要快。

那么,应该如何快速地构思一个活动呢?或许可以采用以下几种建议。

1. 多看多记多分析多复盘,构建自己的案例库

所谓"他山之石,可以攻玉""大部分的创意是将旧的点子按比例重新搭配"。这些都在告诉我们:当你积累的活动案例多了,那你在需要快速创意的时候,就能很快地拿出一个新点子。你可以参考以下步骤来积累。

第一步,打入各类行政群、活动群或者关注一些运营人员的朋友圈、微博等。网络上各类活动和信息更新得特别快,我们可以通过各种渠道获得一些活动的介

绍，甚至是活动的细节。比如，可以参考"行政联盟""趴比酱"等公众号。

第二步，将你认为有创意、有亮点、有复制性的活动记录下来。有创意、有亮点很容易理解，那么，有复制性指的是什么呢？它分为两个层次，第一个层次是你自己来做能掌控住的，第二个层次是在目前的资源或供应商能力的情况下，可以将活动重现。这里有个小技巧，如果你碰到一些被朋友圈、微博或者微信群刷屏的活动，那一定要收藏并特别标注，因为那经过了大众验证。能被大众认可的活动，可重点收藏。

第三步，对收藏的案例进行分析，并进行连线工作。比如，行政活动为了吸引人流采用抽签活动，如点击祝福换抽签机会、朋友圈集赞换抽签机会、完成一些特定的项目换抽签机会等。这类方法最直接的效果是提升了活动的参与度及传播度，甚至可以乘机推广公司的公众号。

接着，我们就可以开始分析并做连线活动了，这类的活动能够提升参与度，就可以把这个活动跟"引流"进行连线了。通过不断地积累，你就可以慢慢建立自己的案例库。

比如，你可以用下面这个表格。

表6-1 行政活动组织表

序号	活动名称	活动举办方及承办方	活动内容简介	活动环节简述	活动预计费用	活动亮点/创意点简述	活动目的分析	适用场景分析	可复制性评价
1									
2									
3									
4									
5									
6									

2. 按照三段论进行活动构思

有了案例库，我们就可以参考三段论的模式来构思创意了。所谓三段论，指的是活动目标、活动主题与活动形式这三个部分。

为了更好地理解，那我来逐一说下这三大要素。

首先，活动目标。一般的行政活动目标要么吸引眼球，要么是获得新的活跃用户，要么提高忠实客户的留存，要么就是提高沉默员工的活跃度。要先将目标弄清楚，一般活动主要针对其中一个或两个来做，如果四个都要实现，要么费用会很高，要么规模弄得很庞大，要么细节太多掌控不住。

其次，活动主题。这里的活动主题，指的是这个活动套用什么名义，有了合适的定位明确的主题，更加有利于活动的细化及提高后续运营的成果。其内容大致分类如下。

- 节庆类，如情人节、端午节、重阳节、元宵节、母亲节、光棍节等。
- 蹭热度，如垃圾分类、热点新闻、世界杯、NBA（美职篮）决赛、长征胜利多少年等。
- 公司内部，如业绩达成、业绩目标制定宣传、公司庆典、公司大促、重要产品上线、业绩达成多少、年会、老板心血来潮等。

最后，活动形式。活动形式其实就有很多种，以线下联合微信上的互动为例，常见的有抽奖、测试、抽签、朋友圈分享、点赞排名、公众号导流、拍照投稿，还有拼图、拼手速等。

3. 整合一些可以量化的活动评价指标

具体应该怎么应用呢？举个重阳节活动的例子，主题是敬老，准备用抽签的形式来做。那么，跟重阳节相关的物品或活动有什么呢？发散一下，会有重阳糕、登高、赏菊、喝菊花酒、佩茱萸、帮老人洗脚等。那我们就结合这些做奖品，比如，结合公司文化内的奉献，让员工通过分享父母或组织关于奉献的故事，可以抽到菊花茶、洗脚券之类的。

说到这里，构思一个活动的基本思路已经清晰了，就可以试着跟老板提活动想法了。让70%的员工了解垃圾分类（活动目标），拟在6月30日中午举办垃圾分类

第6章 满意提升：推进360°员工文化福利活动

（活动主题）线下宣传活动，通过举办垃圾分类知识竞赛、垃圾分类实操比赛、垃圾分类宣传语征集、垃圾分类宣传口号视频录制等活动，对获得点赞数或得分数高的，可以获得行政部准备的预算在100~500元的礼品（活动形式）。

我们就将复杂的构思过程，变成了一个套公式解题的过程了，你手握题库，套上公式，大部分的活动都能很轻而易举地快速出一个创意，后续就是如何完善创意（可以用思维导图）和细化细节（可以参考GPRS工作法）的事情。是不是一下子觉得想创意也是挺简单又蛮酷炫的了呢？

年会，一个行政人绕不开的话题

年会作为行政一年一度的大事，往往是最体现组织协调能力的时候。现在，我从几个注意点来分享一下，如何做好公司年会。

1. 年会举办目的

对公司及行政部门而言，举办年会是为了增强员工凝聚力，体现公司关怀，方便大家发朋友圈的活动。如果预算充足就办得热热闹闹，节目尽量丰富一些，多发点东西；如果预算不足，就走走心，钱花在吃上，大家好好地吃一顿，席间多敬酒、多交流。

千万不要给领导建议做一些太另类的项目。

如果实在预算不够，那就一定要领导出面，作为老板主动敬酒，年会结束后还给每个人微信发了红包，结果原本想过年后离职的人，在年后都没走。

毕竟对于年会来说，能让员工分享公司的成长，让员工知道公司值得你追随，而不是单纯地堆砌和比拼物质。

2. 模仿可行，但要注意尺度

如果做大家对年会期待的匿名调查，恐怕排名靠前的会是：奖品多一些、奖品金额大一些、别让我上台表演、表演要精彩、吃得好一些。

大部分情况下，做年会的主线不外乎是总结过去，展望未来。大部分领导的要求是：年会要有创意，要注意调性，要高大上，要突出公司的精神风貌，要突出公司的企业文化，要符合大老板的口味。要让老板有参与感还不能直接安排节目，要尽量让大家都参加到表演中，要能让员工有材料发朋友圈，另外要尽量节约费用，最重要的是老板要满意。

3. 选个合适的场地，你就胜利了80%

搞定一场年会，有个3W1H关键字法则，即时间表When、场地Where、主题What、故事线How。

对于年会来说，最先确认的就是When（什么时间举办）与Where（在什么地点举办）了。办年会就是做项目，确认好日期之后，才能反推规划和执行的时间。正常来说，人数越多，提前准备的时间越长，当然到了一定规模后，反而场地的空间不受制约了。

以超过300人的年会为例，为了找到合适的场地和档期，一般要提前两个半月甚至是三个月启动项目，确认好年会的时间，留好领导们的时间，并且至少提前两个月把场地落实好。

这里的场地就是Where的问题，场地选得好，那你年会50%的问题就解决了。场地一般分为传统、创新、休闲等几种类型。

传统的做法就是选择饭店、酒店之类的地点。以吃饭为主，表演为辅，比较适合中式的桌餐。如果有表演，还需要准备舞台设备、灯光等。

创新类的做法就是租用剧场、酒吧等，一般这类场地的设备齐全，吃自助餐，但比较能出效果，还能通过场地供应商解决外包表演，往往一举多得。缺点是老板和同事中的很多人不能接受这样特别松散的场地氛围。

休闲类的就是采取类似度假村、特色类度假酒店等，千万不要去农家乐。农家乐适合团建，不适合年会。

4. 多采用新颖的内容，能为年会加分不少

这是个小技巧，年会一方面是做给内部的人员看，另一方面也是做给外部的人员看。如果整个年会的节目亮点不多，那就可以在炫酷的内容上面下功夫了。

一般来说，一次成功的年会可以激励士气，通过营造组织气氛、深化内部共识，从而增进组织认同。这个意义在任何时候都不过时，也特别有必要。面对新的

社会环境，我们更加要赋予其对外的属性，就是让年会的照片、视频、H5等具备传播意义，可以展示行政工作，展示公司文化。

那么，有哪些特别炫酷的做法呢？

（1）邀请。H5邀请函，可以在MAKA上面注册会员，与VA一起做一个个性化的邀请函。要注意炫酷，让大家都有在朋友圈炫耀一下的欲望。

（2）签到。传统的签到墙是必备的，选择微信或者钉钉签到连同3D互动也可以考虑。

（3）节目弹幕。表演的时候，还可以做留言评论，增加参与，可以做个评比，评选本场最佳吐槽或者弹幕之类。

（4）互动游戏。可以做比拼手速，或摇一摇中大奖，或现场点赞的大奖之类的游戏，参与度就容易高起来。还可以做节目评选用。

（5）直播。万一你的公司分散在各地，有人来不了怎么办？那就只能做直播了，这样来不了现场的伙伴也能全面感受年会的盛况了。

（6）连麦。这里的连麦可以做向员工家属拜年之类的，还可以让领导出面去向优秀员工家属拜年等。

最后，让我们来按阶段整理一下整个年会的注意事项。

1. 活动策划阶段

要点：先确认When，随即确认Where，抓住场地为王这个要点。

要考虑年会环节、人员容量、配套设施、场地档次、场地预算、周边交通、餐饮住宿配套、演出备案等因素。

有什么样的目的，就决定什么样的场地。如果仅仅是吃饭+抽个奖，在周边找家上档次的酒店即可。如果要开年会，周边度假村或特色度假酒店是最佳选择。

2. 选题

要点：成为别人家的年会。

要考虑人员构成、领导喜好、预算情况等。

主题：

一定是能有情感共鸣，突出核心诉求，切忌千篇一律的"××周年庆祝""砥砺前行，再创辉煌"之类的虚词。

开场视频、节目内容一定要和主题相关联，不要选择了一个"飞跃的365天"的主题，结果视频是展示大家在外面玩，和主题根本没有关联。

3. 故事线

要点：将一个主人公是公司内部人员的故事，来作为年会的主故事线。

要考虑现场人员的参与感与成就感的共鸣。

如果年会主题是选择以公司成长，那就可以在开场视频中强调员工的荣誉感与存在感。如果是新成立的公司，就可以强调团结感和奋斗感。如果是打造家庭文化，可以用一年的成长与员工努力的瞬间照片为主。

如果你觉得员工日常沟通较少，可以增加吐槽类的节目。在可允许的情况下，适当的吐槽领导，这是种很讨巧的办法，但是要注意尺度。

餐饮管理：要想让马儿跑，请让马儿吃得好

民以食为天，这句话告诉我们粮食和吃对人民生活的重要性。具体到企业运营来讲，员工吃得好不好又是我们行政工作中不能忽略的一个方面。尤其是随着时代发展，95后和00后先后进入职场，这些员工对公司餐饮提出了更高的要求。曾经有人力资源询问员工为什么离职时，员工说因为公司食堂不好吃。因此，做好企业餐饮工作的重要性由此可见一斑。

一、选择合适的餐饮服务模式

企业的规模、文化、发展的阶段不同，餐饮模式往往也会有所不同。每家企业应选择适合自己的发展模式，而不是一味羡慕别人家的公司。

规模较小的企业可考虑直接提供餐补。规模稍大但场地有限的企业可考虑配餐模式。规模较大且非常注重员工体验感受的企业一般都有配套食堂提供餐饮服务，可以采取包工、包料方式选择一家餐饮服务商提供服务，也可以考虑包工、不包料（餐饮公司提供食材加工及人员服务，食材由甲方直接委托供应商供货）。

二、自有食堂的运营工作重点

自有食堂管理是餐饮服务模式中最复杂的一种，因此我们重点来讲讲。

1. 食品安全管理

食品安全是所有餐饮工作的前提，一旦出现食品安全事件，所有的辛苦和努力都会白费。因此，食品安全管理要摆在首要位置。

首先是食品本身的安全。它需要从食材的源头开始管控，确保所有食材从正规

渠道购买；食品进货查验质保期、许可证、合格证、渠道等信息；每天检查蔬菜农残、肉类检疫合格证，对菜品进行留样检查，不定期对食材进行抽样送检；对于食品添加剂，要做到专人采购、专人保管、专人领用、专人登记、专柜保存。

其次是人员、设备和操作安全。餐饮人员均要持有健康证，并经岗前培训合格后方可上岗，进厨房前需要净手和换装；对于厨房设施要做到设备定期检查维护，操作标识明晰；对于操作流程培训要定期进行。

最后是消防安全。要让所有人员熟悉厨房危险源，了解常见厨房安全风险（包括煤气泄漏、油锅着火等）及其处理方法，熟悉疏散逃生通道，掌握必要灭火技能等。

2. 餐饮服务提供

餐饮服务是核心，可以结合员工需求和企业资源去策划和提供匹配的餐饮服务产品。

进行人员画像。行政人员对员工进行用户调研，了解员工的年龄（口味与喜好）、地域（每个省份口味有不同特点，如川湘人爱辣、广东人爱清淡、上海人好甜、西北喜好面食等）、口味喜好等，尽可能多地掌握员工的基础数据，以便为后续的产品规划设计提供数据支撑。

餐饮服务产品策划和提供。根据员工画像和数据分析的结果，结合健康和营养要素，确定主要菜式设计原则。

在满足主流需求的基础上，尽可能提供特色餐饮服务，如提供粉面档、西式套餐、川湘档等。在提供自选点菜就餐模式的基础上，有条件的可提供炒菜围餐模式，满足大家的聚餐交流需求。

此外，还可结合节日、社会热点，开展美食节、美食周、世界杯奥运会特色餐等多样化的餐饮服务，让员工感受活动氛围，提高幸福感。

3. 用餐体验改善

优化用餐路线设计，改善排队问题。在餐饮服务方面，排队长是人们抱怨的事情之一。如果行政人员介入早的话，可以在餐厅的规划设计阶段就提前考虑到窗口的数量、排队的路线设置等，并且适当多估算人员数据（实践告诉我们人员规模增加的幅度往往会远大于测算）。

一站式用车、管车，用微信小程序快速搭建车辆运营体系

企业的公司车辆如果很多，但行政人员本身还是使用相对传统的报表、GPS定位加微信群的管理模式，对于提高管理效率，减少行政管理人员的干预和加强对用车的管控而言，没有任何的帮助。

说到这里，大家可能会说，为什么不用网上很多现成的车辆管理软件呢？现实情况如下。

（1）没预算。

（2）车辆管理软件只能解决管的问题，无法解决用的问题。

（3）太专业的软件太复杂，很多不需要的功能，但是没办法去掉。

既然有这么多问题，何不自己搭建一个微信小程序来管理呢？以下四个阶段，可帮你搭建一个微信车辆管理小程序。

第一阶段：和微信公众号关联，并通过验证来访者的微信信息（手机号码），在前台实现车辆申请功能。在后台通过获取前台的申请信息，自动分配在岗公共车辆进行工作。

第二阶段：建立与GPS供应商的数据连接，将车辆行驶数据与申请人申请的终点与目的地进行关联，了解实际运营情况。

第三阶段：在后台与司机费用统计、保养等挂钩，实现司机前台申请保养并报销后，后台能轻松地确认是否到合规的4S店或维修点保养，并能了解是否存在重复报销或保养周期存在问题的情况等。

第四阶段：接入车辆违规、违法情况核查的功能等。

创业公司或小公司行政如何帮助增加员工的归属感

创业公司或小公司里面的行政存在感特别微弱，也不需要做什么特别多的事情，显得比较没存在感。那么，行政人员应该怎么协助公司来增加员工的归属感呢？

首先我们来说定位，如果行政人员协助公司来增加员工的归属感，那你的定位是什么？是服务者、业务部门，还是管理部门？

这几类的定位，我都见识过。根据公司实际情况和部门领导的强势程度而定。从统计的数据来看，小公司的后勤部门如果通过强势来提升自己部门的定位，那么很容易导致其他部门的员工逆反，从而影响行政人员工作的开展。

那么，比较好的定位是什么呢？对于创业公司或小公司来说，传统意义上的行政管理者的角色不利于提升员工的归属感，更好地选择是将行政定位为员工的服务人员或者平台服务商，为员工完成组织任务，提供各类资源和帮助。

如何让员工产生归属感？它涉及管理、人事、财务、行政等很多部门，可以说的点也很多。

对公司而言，员工是为了解决公司存在及发展的问题而存在的实体，提高员工的满意度或者归属感其本质就是为了让员工能更好地投桃报李给予公司回馈。

那么，通常在提升员工的归属感和满意度方面，有哪些点是需要注意的呢？

1. 做好办公室的人际关系维护工作

小公司要么人际关系简单，要么人际关系特别复杂。行政人员一方面要与各部门打好关系，另一方面要做好"情报收集"与"情报分析"的工作，及时将一些中立的相关动态转达给管理层。

2. 透明感

它一方面说的是公司业务、发展及政策方面对员工的开诚布公,从而建立信任感;另一方面是通过经常性的沟通,让员工了解行政人员,也让行政管理者了解员工的真实感受。

3. 除了涉及财物的规定,其他规定能人性化的尽量人性化

对于人员比较少的小公司,太多的规章制度容易分散业务人员的精力。我们行政人员重点考虑如何完善公司运转流程,让新员工和老员工知道遇到问题找谁帮忙解决才是最重要的。

4. 不让员工出不该出的钱,该员工出的钱也尽量让员工少出

比如,如果员工长期出差,那为什么不能让他们申请一些备用金呢?公司的酒店标准是每天450元/间,员工喜欢住的酒店是每天550元/间的,你设法谈到每天480元/间就是让员工少出钱了。

5. 最大限度地解决员工的饮食问题

吃饭是大事,创业公司或小公司如果不能和供应商谈优惠或者自己办食堂,那可以找点优惠券之类的,就算员工不常去吃,说起来有专属优惠,无形中也是一种优越感。

6. 设法提供一些生活方面的协助

很多创业公司或小公司里面的员工都是年轻人,在公司资源有限的前提下,我们可以通过协助提供中介或租房信息的帮忙,不仅可以解决租房等的实际问题,还可以顺便引导他们住在公司附近。

7. 帮助公司宣传"希望"

一家公司只有得到发展,员工才会有升职加薪的机会,才能有个人价值实现的机会。我们可以从以下几个点来帮助公司宣传。

- 督促老板分享项目进度,分享老板为公司做出的各种努力,让员工准时下班的情况。
- 宣传老板的正面形象,诚实守信,坚持不赚快钱、黑钱的营业模式。
- 宣传老板敢放权,乐意放权,愿意团队成长的思路。
- 宣传业务能给员工带来的超额回报的机会。

8. 更轻松的办公氛围

创业公司和小公司在环境上如果能做好，也能增加员工归属感。

9. 提供额外的医疗补助，让员工感觉健康受到关注

10. 让员工及家属看到自己的成长

比如，各类名义的员工表扬、月度最佳点子、月度最佳员工、月度进步最快、月度最努力等，同时将员工获奖的消息通过邮件或者信件等告诉员工的家人，让他们一起感受自豪感。这样做，不但花不了多少钱，而且效果很好。

11. 强调家人氛围和家庭文化

和大公司强调组织价值不同，创业公司和小公司可以强调家庭文化，家人氛围，就是个很讨巧的办法。

学会管理员工对行政服务和产品的期望值

期望值管理，本质上就是对员工需求心理的管理。

我们设想几个场景：

场景1：你去面试，人力资源给你说了一大堆公司发展如何好。结果你一进公司，发现什么都不是，人际关系还特别复杂，你选择了离职。你觉得你离职的原因是什么呢？

场景2：行政部在冬天推出了川菜周。供应商请了川菜大厨，然后行政部做了卖力的宣传，活动当天热热闹闹，结束后的调研却发现大家对菜的口味并不买账。你觉得可能的问题出在了哪里呢？

场景3：行政部邀请外部供应商组织了一场特卖活动，价格比市场价便宜，并以此为卖点进行了宣传。结果很多同事都只是过来看了一眼就走了，销量不好。你觉得除了选品外，可能存在的问题还有哪些？

类似的场景，我们还可以举出很多。我们行政人员花了大力气进行了组织和宣传，但结果不尽如人意，甚至还会出现反效果。这里面可能就会涉及员工期望值管理的问题了。

期望，指的是当人们预期某种行为某种特定的结果，而且这种结果对个体具有吸引力时，个体就倾向于采取这种行为。从实际操作中来看，其实就是提供给员工的心理预期/承诺小于他实际的体验/感受，从而形成的心理落差导致的行为。

比如，拿场景3来说，你可能在宣传中以价格为宣传点，从而让员工形成了我在这里能买到又便宜又好的心理预期，结果到现场一查价格，也没便宜多少，心理就会产生落差。自然就降低了购买欲望。

再如，拿上面的场景2来说，如果你以正宗川菜为宣传口，那大家的心理预期自然是往能吃到正宗的川菜为方向来预期了，食堂大锅饭难免会与小锅菜存在偏差，自然会产生心理落差，那带来满意度下降也就在所难免了。

那么，我们应该如何管理员工对行政部门提供的服务或产品的满意度呢？其实我们行政人员可以从呼叫中心或客户服务中心（Call-Center，为客户提供在线或线下接听、解答、反馈等客服功能的部门）及销售那里取经，看看如何管理员工的期望值。

我们如果将员工看作客户，这样能更加方便理解相关内容。当找到了他们的期望值后，我们要如何平衡资源投入与期望值呢？或许可以通过注意以下点来平衡。

1. 让员工知道他们能得到什么样的服务及标准

我们行政部内部会有很多服务内容，以及配套工作要求和考核标准。但大部分的情况下，我们能提供的服务和标准对客户而言是不公开的，那如果客户知道自己能得到哪些服务及标准的话，就可以让客户对服务或产品的评价产生一个明确的认知及衡量标准，从而减少期望值和实际的差距之间带来的满意度下降的问题。

现在很多行政人开始采用的服务承诺，其实就是这种措施的具体体现。

比如，食堂在提供菜肴的时候，可以列一下有多少的材料成本、人工成本及最终的售价，然后口味用几个辣椒的方式做一下标识，同时做明厨亮灶的工作。让员工知道自己吃下去的和付出之前的比例，就能有效地减少员工对食品价格的吐槽了。

2. 客观地评价你的服务

有些行政人员会为了扩大一些活动的参与度或者影响力，自觉不自觉地故意夸大自己的产品或服务，人为地制造客户的高期望值，这样一来，虽然短期内能增加参与度，也会让客户对你的产品或服务产生过高的期望。

但不幸的是，往往客户在参与或使用你提供的产品或服务后，觉得远远无法达到自己期望的价值，尤其是我们行政承诺可以达到的期望时，客户就会把一切责任都归结为行政的能力本身了。在这样的情况下，客户的满意度才会大幅度下降。

所以，在宣传产品或服务时，一定要在你可以达到的范围内进行承诺，学会先抑后扬地控制客户的期望值，而不是虚假地拉升客户的期望值。

3. 与员工的有效沟通

我们很多行政人属于默默做事的那种，只想着提供服务，总以为付出了会有回报，但在做员工期望值管理的时候，就非常吃亏了。

首先，行政给客户提供新产品或新服务时，通过进行小范围内测及与客户的交流与沟通，就可以比较全面的了解客户的真实意图，从而避免揣测心思及可能导致的误解。

除了沟通外，有条件的话，我们行政还可以向客户公开服务内容以及服务标准，确保能及时准确地向客户传递服务信息，同时有效地接受客户的监督，这样一来，我们行政才能形成一个闭环，对在服务中存在的问题进行高效和及时地解决。

继续拿餐厅来说，我们完全可以在餐厅最醒目的地方，公开我们使用过的材料、采购来源、相关成本的数据，告知大家公司付出的成本。大家反馈的问题及目前的解决方案与进度，如无法解决的，需要大家协助，就会将餐厅、行政与反馈人的矛盾变成一个大家都要去解决的问题。

4. 严格执行你公开的标准

公开的标准就相当于承诺，如果你公开的承诺都无法达成，就一定会导致满意度下降。

那我们就不能调整标准了吗？可以。我们行政可以通过用户跟踪分析来了解客户期望值的变化，并据此对产品或服务进行改进，并同步调整公开的相关标准。

5. 控制客户的期望值

影响客户期望值的因素很多，每一种因素的变化都会导致客户期望值的变化。对行政管理者而言，影响产品或服务期望值的主要变量还是宣传。

在实际操作中，客户的期望值可能会和你的宣传预测存在一定的偏差，这是可控的。在具体操作中，建议采用先抑后扬的方式来调整这类的偏差，从而让客户期望值可控，进而满意度可控。

6. 加强仪式感

如今，人们的消费观念已经更趋向于个性化和性价比了，因此我们在具体提供产品或服务的时候，一定要注意增加仪式感，增加传播性，注意包装。

这里的核心其实就是仪式感和感受体验。是非常讨巧的办法，花一样的钱，起到的效果和满意度会有非常大的差别。

7. 谨慎对待客户提出的需求

如果行政人员总是义务地承担额外的服务和资源付出，那么客户就会习惯性地接受这一点，认为这是理所应当的。一旦拒绝完成这类额外的义务，那客户不满就是显而易见的事情了。

最好的做法就是，明确我们行政的服务内容和标准，让客户知道，他提出的这些要求是额外的，然后在自己能力范围内帮助客户解决问题。对于行政人员无法做到的事，可以试着推荐资源给客户，一起努力来解决问题，让客户觉得帮他是情分，帮不了也很正常。

8. 切忌把宝押在一次活动或一个产品上

在对满意度和期望值进行管理的时候，我们行政人员最好不要把宝押在一次活动或一件产品上，分散地处理能提高满意度，控制期望值的事情远比希望靠一次活动或一个产品来解决要靠谱得多。

以上八点建议，实际上形成了一个期望值管理的闭环。

构建服务体系，提高员工服务满意度

与公司为外部客户提供产品和服务一样，员工就是行政人员的内部客户。像服务客户一样地服务员工，这是我们应该牢固树立的用户思维。通过深入了解、快速响应、激发热情，不断收集、满足员工诉求，就能为员工提供优质行政服务，提高员工满意度。

一、构建多维一体的员工沟通渠道，深入了解员工诉求

与员工之间的沟通，行政可以从实体渠道、常规渠道、信息化渠道等方面构建多维一体的员工沟通体系，使员工可以无边界通过各种方式，随时随地反馈诉求。

（1）在实体渠道方面，可以设立一站式服务中心（也可以结合公司前台、服务台设置），趁上厕所或是小憩、甚至是路过的间歇，有什么问题都可以反馈给工作人员，如厕所存在较大异味等。

（2）在常规渠道方面，可设立企业内部热线电话和投诉反馈专用邮箱，员工可随时致电咨询和反馈问题；可成立员工服务代表大会，通过不定期会议，面对面约谈员工沟通相关问题。

（3）在信息化渠道方面，包括微信公众号、APP和PC端信息化平台等。通过这些渠道随时随地反馈诉求，非常方便快捷。

以上配置适用于较大规模的企业。而初创企业可以根据实际情况调整建立相应渠道，如放置投诉小黑板、专人负责内部关系维护等。

收集到员工反馈的各类诉求，只是第一步，如何快速响应落实和反馈才是关键。

二、建立员工服务三级诉求管理体系,快速响应落实和反馈

在此提出三级诉求管理体系,针对不同层级诉求,要明确责任主体和时限,做到单单有记录,事事有跟踪,件件有反馈。

一级诉求指员工对各项员工服务的意见、建议、咨询和一般投诉,由诉求管理员分发给各负责人或支撑单位限时处理并反馈。

二级诉求指一段时间内多人反馈或多次反馈的诉求,由各服务专业主管直接跟进并处理反馈。

三级诉求指造成员工身心伤害、对公司造成名誉损失和形成安全事件的诉求,由领导层级人员直接督办并处理反馈。

当员工提的问题都解决了之后,不要忘记行政服务的初衷与宗旨,没有员工的持续参与,我们的工作就是自说自话,就是无源之水、无本之木。

三、建立员工服务积分管理体系,激发员工参与热情

通过建立积分体系,量化管理员工参与程度。鼓励员工参与员工服务策划、监督与反馈等,并根据贡献大小给予一定的积分。根据积分结果,给予适当激励。包括精神奖励如授予优秀员工工作代表、优秀产品策划奖励证书等;物质奖励如所获积分可以兑换相应员工服务(如美发券、美食券等)。

当然,做好行政服务工作,提高员工满意度,并非一朝一夕之功,需要行政人有清晰体系化的工作思路、不折不扣的责任心与执行力。

NPS与客户满意度,哪个更适合对行政服务的评价

在有些企业,利用净推荐值(NPS,Net Promoter Score)来评价内部客户的满意度似乎成了一种趋势。作为行政人,我们如何来适应或者让这个趋势融入我们的工作呢?

一、用户体验

详细地来说,用户体验可以分为以下几个维度。

(1)体验要有具体的评价对象。评价对象的不同对用户体验的量化角度就不同,拿饿了么举例,其评价对象就可能分为平台体验、结算体验、送餐速度体验、菜色丰富性体验、操作便捷性体验等。

(2)用户体验是一个完整的过程。用户体验是个全生命周期的过程,这个过程涵盖了产品/服务的设计、运营、后续跟踪及出了问题的服务环节等。有时候,我们做调研的时候,可能会仅仅关注某几个关键体验指标,并针对这些指标来进行优化的话,往往是花了大力气还起不到效果。

(3)用户体验是因人而异、千人千面的。从运营的角度看,用户体验=用户感知-用户预期,每个人感知不同,预期不同,自然最后的用户体验也不同。

从实践的角度来看,如何量化体验是需要设计的,主要注意的点有以下几点。

(1)需要针对对象有不同的量化体系。比如,结算体验和送餐速度体验就必须用不同的量化体系来评估及量化分析。

(2)需要找到一个能够覆盖完整流程的指标。比如,微软那么多产品,他最喜欢用的就是NPS。

（3）用用户画像来分群测量。这里就涉及用户画像和用户群体的区分，70后对用餐的满意度维度与80后不一样，80后和90后不一样，90后又和95后不一样，如果不分群考虑的话，很容易出现数据偏差，从而影响后续的定量分析和优化。

二、NPS的分类和操作模式

NPS主要有tNPS、rNPS和cNPS三种类型。

tNPS：即客户在结束产品、服务后的一个即时的满意度（推荐度）。对行政从业者而言，第一时间获取数据往往让人有刻意的感觉，但实际上，你可以通过OA报障的即时评分来收集数据。

rNPS：在相同间隔下（通常以季度、年为主）客户对产品、服务等的总体推荐度。其类似行政做的月度满意度调查，通过对长时间定期数据的综合分析，能对优化服务和流程起到一个很好的补充作用。

cNPS：在将自身产品服务和竞争对手同时让客户进行推荐度选择，cNPS可以在一个相对客观公平的基础上反映自身产品的忠实用户群体大小以及整体推荐度。对行政从业者而言，如何做好横向对比很重要，尤其现在互联网公司的员工来自很多大公司，横向比较有利于发现自身的差距。

说到这里，我们引出最关键的问题：NPS与客户满意度哪个更适合行政人员对用户体验的评价？

1. 直观含义来说

* NPS是个相对客观的指标，是主观意愿的体现。被评价的主体是产品/服务。评价的维度做得不好，就容易简单粗暴。

* 满意度是员工对于行政提供的产品/服务的满意程度的主观感受，是针对结果的评价指标。被评价的主体一般是行政人员，评价的维度一般是具体的产品/服务。

2. 从针对的状态来说

* "愿不愿意推荐"是针对具体"行动"的描述，"满不满意"更多的是针对感觉这个"状态"的描述。

* 满意不代表会愿意推荐，从心理学上说，你愿意推荐就代表了一种责任感，在回答时会更为谨慎。

3. 从分析维度来看

* NPS可以同时从推荐者（9~10分）以及诋毁者（6分以下）两个维度进行分析。

* 满意度在数据分析时，往往都是针对大众或者是主要区间人员进行分析，从辨识度上看，90%以上才会有分析价值。

4. 从对行政体系建立的影响来看

* NPS如果能做好，则更多的是通过NPS的落实实施，将行政的产品/服务体系、员工行为管理、产品/服务运营形成一整套的体系或建立起一个完整的闭环管理机制。

* 用户满意度更多是对产品/服务带来的后果的分析，对于行政而言，是对产品/服务本身结果的评价，和行政整体产品/服务体现没有直接关系。

5. 从指标量化的角度来看

* NPS：相比客户满意度来说就要客观和量化一些，NPS是意愿指标而不是结果指标，具体运用时，也要注意不要将其当成唯一的参考数据。我们行政人员日常做的一些满意度调查，从本质上来说，其实是NPS而不是客户满意度。

* 客户满意度：一般有两种评价方式，其一是行政提供的产品/服务是否兑现了对员工的承诺；其二就是行政所提供的产品/服务是否高于员工所预期的。因其主观的特点，往往会造成对于相同的产品/服务，不同的人因预期不同而产生不同的评价结果。一方面比较难有效量化，另一方面就算想办法分维度量化了，除了数据好看，对行政具体服务/产品的优化，也很难说能产生多少实际的价值。

6. 从提升方式的角度看

* NPS的提升：通过提升服务过程中和接受产品/服务后的体验，就可以提升NPS。具体包括优化产品/服务的使用体验、超预期的满足员工需求、及时积极的问题处理机制、突发情况的及时形象公关等。

* 客户满意度的提升：其核心在于兑现承诺的及时性和提供超出预期的服务。最简单的方法就是承诺的少而兑现的多，其提升的作用点分散在整个行政日常运营的过程中。

这两个目标对行政都很重要，一个用来提升自己的工作，一个用来对付KPI考核。从实际来看，我们不管是做NPS还是满意度，往往都存在一个样本量的问题。信息失真是小事，甚至有些关键问题不能通过数据分析及时体现出来，调研最后就变成了自欺欺人。

此外，不管是NPS指标还是客户满意度，都是一种手段，毕竟无论哪种都带有主观性。

行政如何协助解决员工的后顾之忧

对很多企业的行政而言,他们有一个非常重要的使命就是为员工解决所有的后顾之忧,广义来说就是为员工提供很多琐事上的支持与服务(线上或线下)。毕竟行政人员的一个责任就是提升业务的效率,为业务提供服务,减少这些琐碎事情对业务的干扰。在具体深入前,我们需要先对后顾之忧下一个定义。后顾之忧,这里指的是通过公司资源可以解决的,影响员工在岗位上为企业创造效能的事务。

从企业的角度看,如果想解决员工面临的所有问题,可以从以下几个方面着手。

★ 薪酬体系——解决员工的收入需求。
★ 晋升体系——解决员工的未来出路。
★ 奖励体系——解决员工的心态问题。
★ 培训体系——解决员工的能力问题。
★ 后勤支援——解决员工的生活问题。
★ 福利待遇——解决员工的个性需求。

对行政而言,我们可以从食住行这三个方面来着手,就是从后勤支援及福利待遇的角度来解决。那么,我们具体可以如何做呢?

一、员工住宿方面

(1)租房中介。对于很多新来上班的员工而言,找房子是件麻烦的事情。我们可以积累一些周边比较靠谱的中介资源,并提供一份定时更新的租房指南给到员工。

(2)中介费补贴。这个模式比较适合公司搬家,吸引员工到公司周边落实。行政人员可以设定一个上限,根据统计的租房人数及员工地址的热点图来做预算。

(3)公租房。但凡有机会,作为行政的你一定要去争取,拿到之后,就算是抽签的模式,也要大张旗鼓地宣传。

(4)内部合租平台。如果你有公众号或BBS的,记得一定开个这样的版块,一方面可以加强员工交流,另外可以通过BBS内的互动内容建立起联系。

(5)青年公寓。可以与周边的一些青年公寓签订一些优惠协议,不要管是否为大众化的优惠政策,但是一定要注意,青年公寓的甲醛问题很容易让你好事变坏事。

(6)酒店式公寓/长租酒店。这类是为长期出差的员工准备的,往往是公司支付一部分,员工自付一部分,或者干脆是公司全部承担,主要是适合住不满一年项目制的员工。这类公寓或长租酒店,住宿条件一定要稍微好些,如特别便宜的连锁酒店之类的,容易发生因酒店环境问题导致的员工生病问题,还不如不推荐。

(7)购房优惠。这也可以作为一个很好的福利!如果你是一家大公司的行政管理人员,不妨去聊一些类似的项目,在公司政策允许的情况下,适当的邀请开发商过来开一些内部的推广会(一般开发商还会提供下午茶及小点心)。既能充实日常的活动,还能给员工关心他们的感觉。

(8)搬家费补贴。这种类似于中介费补贴,也是为了吸引员工搬到公司附近而设立的,关键是单次上限封顶,合理的总预算控制及设置时限。

二、员工子女

(1)入学问题。比如,在上海这样的城市,外地户口的员工办理居住证主要是为了子女教育考虑。但作为行政人员无法去协调教育资源,那我们可以提供信息给员工,及时提醒涉及的员工去办理手续或注意一些信息,从而将这些员工培养成行政的忠实粉丝。

(2)托班问题。如果员工的基数大了,每逢暑假寒假,大概率有员工会咨询你托班的事情,那你可以有几种做法。比如,在公司内设立个专门的孩子区域,让家长志愿者去看着孩子。要么联系周边的托班给到信息(信息一定要反复给)。

(3)KOL子女。某些高级别管理人员入职后,有时候人力资源会联系你,让你看看能否解决孩子的入学问题,首先不要明确拒绝,接着立刻通过渠道去打听是否能入学。如果过了入学期的话,也一定要积极协调(不成功没关系)。

三、员工就餐

(1)茶水区配置。如果没有食堂或专门的就餐区,那至少茶水区的微波炉和冰箱要准备起来。

(2)下午茶/小点心。在茶水区准备小点心、为加班的员工提供食品领取渠道、提供免费的咖啡、提供免费的牛奶之类的,或结合企业文化活动安排比较丰富的下午茶都是一种很好的措施。

(3)周边商户特惠。如果你是一家大公司或在某家店有足够的消费量或频率,可以去谈个专属优惠或联合类似饿了么之类的提供专属补贴。

(4)员工餐厅(收费或不收费,自选或不自选)。一般建议员工餐厅以收费自选为主,这样满意度会比较高。但凡不花钱的餐厅,除非你真的做到了行业标杆,否则员工的抱怨会非常厉害。

(5)零食柜。零食柜或自动贩卖机对员工的影响是非常正面的。据统计,在价格适中的情况下,零食柜或自动贩卖机能有效减少员工外出的时间,提高工作时长。

(6)代金券。代金券指的是企业福利采购的一些现金券,用于在企业周边指定的商户进行消费,往往用来替代下午茶或消夜等,在同样的成本下,可以有效地降低行政人员的工作量及增加员工的自主权和提高相对满意度。

四、员工购物

(1)购物补贴。这类福利可以结合企业文化或优秀员工评比之类的来做,提供现金或报销额度用于奖励员工,减少他们在采购某些产品时候的自付部分。

(2)家人医疗保险或体检优惠。很多企业为员工提供补充医疗保险或年度体检,如果能谈下来员工家人的医疗保险或体检优惠,对员工来说绝对是件好事情,而且相关的福利还可以设置很多。

(3)员工特卖。在公司政策允许的情况下,根据时节组织一些内部的员工特卖,如果你公司人数大于300人,有一间足够大的会议室,基本就能做员工特卖了。但需要做好供应商的挑选及价格的控制,最好不要组织非公司产品的贵重物品内购,容易踩坑。

(4)提供特卖信息。提供外部公司的特卖信息,但一定要小范围传播,千万不能大范围的做,否则可能会影响公司工作氛围。

(5)定时的旅游福利。定时会向员工提供企业专属的旅游特价产品,虽然是特价但服务都是大平台提供,比较有保证,员工体验也不错。

五、其他类型的服务

(1)免费的公车私用额度。比如,设定积分或每年有多少次公车私用的免费额度之类的、家人生病紧急用车等。用完了,还可以用行政活动或公司活动的积分兑换使用次数。

(2)自建健身房/锻炼或周边优惠健身/锻炼。运动、娱乐或锻炼能有效提高员工的健康水平,降低压力,从而为更好地工作提供必要的基础。有条件的备好锻炼设备,没条件的可以买点周边健身机构的课程,作为奖励或社团福利发放。

(3)各类社团。社团是缓解员工矛盾,打破部门壁垒的有效方式,只要合理控制预算,社团不仅能搞出很多花样,还能培养员工之间的感情。通过影响社团骨干也能有效扩大行政的影响力。

(4)提供低价的上门清洁、上门收衣服、上门维修等服务。核心还是在解决生活琐事,让员工精力集中在工作上。

(5)定期的交友、相亲等活动。这类活动可以通过物业、团委、工会、协会,甚至是行政圈子来组织,如果行政部门没预算,那么可以考虑通过企业文化来做。

(6)低息贷款或借款。前提是公司政策允许,为员工提供低息购房或购车的贷款或紧急备用金借款等服务。

（7）互助基金。比如，在每个月工资内捐助5元钱，然后员工需要的时候，可以申请。或者为员工做水滴筹之类的工作。

（8）生日活动或礼品。集中做，做好后再做宣传，办生日活动或送礼品是花小钱办大事的典型，非常值得做或与企业文化结合起来一起做。

总的来说，解决员工的后顾之忧，一定要学会"穷人思维"。这里的"穷人思维"不是贬义词，而是源自于餐饮行业管理的一种说法。"穷人思维"强调小处的公平，强调自己能获得多少，强调自己有付出就一定有收获，强调应该干什么才能获得回馈，强调能吃到和用到的东西。

面对这样的"穷人思维"，我们需要如何做呢？

设身处地地为员工着想，打造互助文化或家人文化，主动解决员工面临的困惑，让员工付出一定代价再获得一定福利，寻求制度化与人性化的平衡。

从实际操作来看，员工的后顾之忧主要来自对自身的不确定感及家庭原因。而一个有后顾之忧的员工，就不可能全身心地投入工作。作为行政人员，我们如果能随时掌握员工"后顾"情况的变化，就能事半功倍。如孩子入托、家属生病等，对经济特困的员工，除常规的精神安慰外，还可以设法给予一定的经济援助。这其中，你要学会宣传，一个有效解决员工后顾之忧的个案可以为行政人员赢得一片人心。

第 7 章

人生杠杆：
探寻行政人员进阶的方法与技巧

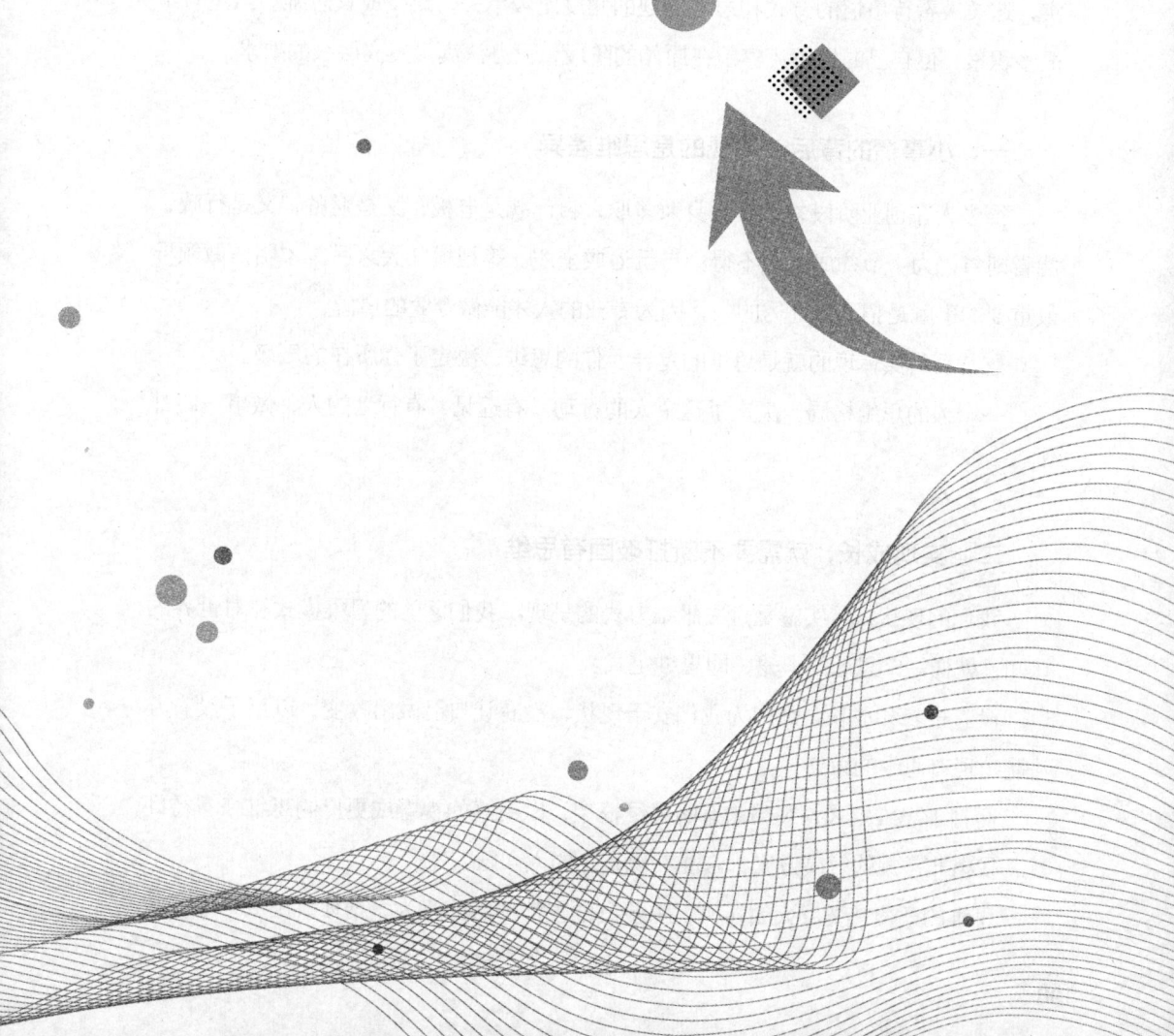

成长思维：管理水平升级，首先要练习思维升级

有类人在行政岗位勤勤恳恳做了好些年，一直没有得到升迁，很是困惑。其实，这类人看待事情的方式和思考问题的角度比较单一，缺少成长思维。虽然有了很多积累，但自己的思维还停留在原始的阶段，没办法满足更高层级的要求。

一、小事情的背后，体现的是思维差异

很多人在创业阶段，往往是身兼多职，自己既是老板，又是财务，又是行政，能省则省，为了节约成本恨不得把自己逼成全才。等规模壮大之后，才明白做领导最重要的事就是招到最优秀的人，因为专业的人才能做专业的事。

这背后其实体现的就是思维的差异。你的思维，决定了你所在的层级。

一个人的思维格局，决定了这个人的行动。有远见、有行动的人，做事一般都不会差。

二、实现成长，就需要不断打破固有思维

我们的现状，其实就是过去思维方式的呈现。我们之前的思维模式和对世界的认知，就像一个思想的牢笼，即思维定式。

没有进步和成长，是因为我们安于现状，没让自己做出改变，以至于没有办法跳出现有思维的束缚。

而打破思维定式，突破原有的思维框架，以更高的视野或更广的思维来看待问题，找出非常规的解决方案，方能实现人生的大飞跃。

思维的颠覆需要巨大的转机，需要有颠覆性冲击的行为，帮你跳出原来的思维

框架。也许是被安置到一个完全陌生的环境，也许是职场的大起大落，也许是四周圈子的迭代。

三、思维升级的一些方法和建议

思维的升级，来自于接触更大世界带来的更高眼界，来自于与专业或跨界领域能人交流后的碰撞、启发，来自于自己平台和圈层升级后的思维迭代。具体来讲，我们可以从以下几个方面进行尝试。

1. 向上级学习

跟着一位好老板，可以升级你做事的思维。一般情况下，我们的上级无论是在能力还是经验上都是我们学习的榜样，而且是最便捷的提升。

针对具体的工作和问题的解决，我们可以先思考自己的解决方案，然后向上级汇报的时候重点关注上级的意见，最好能用笔记下来。

汇报结束后，不是简单地按领导意见改好就行了，而是去仔细研究、比对上级的意见和自己方案的异同，去思考上级为什么会这么想，比我们的方案好在哪里。

在每次汇报思想的基础上，我们可以定期进行复盘总结。长此以往，我们的思维方式会不停地向上级看齐，不断地获得提升。

2. 和圈子内的专业人碰撞交流

你的圈子，决定了你的眼界和格局。在基层圈子谈论某个工作有无模板和资料可否供参考的时候，高阶圈子可能谈论的是方法论、思维格局等。

平时，我也经常参加一些行政线下沙龙活动，有幸接触到了各行各业的行政管理人员。和大家交流沟通之后，我经常会有种醍醐灌顶的感觉。

但圈子也不是容易混的，要想融入更高阶的圈子，我们需要不断地修炼自己的核心竞争力，成为行业内的专家，获得业界认可，才能真正成为圈内人。

3. 自己的学习成长

还有一种方式，就是靠自己的努力，从书籍、公众号、APP等渠道获取信息资源，并消化和吸收。没有捷径，无非是多看、多听、多搜。

但这种方式需要自己有非常强大的自控能力和综合能力，如最基础的有效信息搜集处理能力等。

结构化思维,你最值得投入的思维方式

所谓结构化思维,就是将复杂的信息按照特征重组,以便你大脑处理的能力。为了说明这个问题,我们首先来举个例子。

给你5秒钟时间,你能记住下方的语句吗?

回家 批评 小狗 今天 妈妈 一只 哭着 买了 送给 别人 小明。

是不是有点儿小难度?如果换成下面这样的呢?

今天小明买了一只小狗,回家被妈妈批评,哭着送给别人。

记忆是不是就变得更容易了呢?

这两组用的词汇是一致的,后者是前者的整理版本。那么,为什么你记住后者比较容易,而直接记忆第一组信息会有点难度呢?其中的原因就是后者更加符合我们大脑的使用习惯。

根据现在的心理学和神经学研究成果,我们的大脑在处理信息的时候,遵循两个规律,第一个是短期记忆,一个人一次性可以记忆9~12个组块,然后进入工作记忆,对于太多的数据,大脑很难记下来,天赋异禀者除外;第二个是习惯处理有规律的信息,这里的有规律指的是符合日常经验或者你本身思维定式的信息。

有的时候,下属跟你汇报工作,一件事情先和你说了一大堆经过、原因,等到你听到发晕的时候,才和你说需要你做什么。往往这个时候,你已经被绕晕了,做

出的判断就很可能是片面的。导致这种事情的原因，就是没有结构化思维。

行政人员为什么需要结构化思维呢？因为你需要让别人知道你的核心诉求！你的信息传达出去之后，别人都找不到重点，那对方怎么知道他需要协助你什么？下属怎么知道你对项目的目标设定在哪里？其他部门的对接人怎么了解他们能帮到你什么？

同时，学会了结构化思维，对我们自己有什么好处呢？

可以帮助我们更全面、更系统地思考，将复杂的问题简单化。

方便我们与人沟通，让他人更好地理解我们的意思。常有人说自己沟通能力差，其实本质上不是沟通能力的问题，而是没有形成结构化思维的问题。没有听不懂的听众，只有说话没条理的你而已。

帮你组织碎片化信息。在这个移动互联网的时代，我们身边充斥着大量的碎片化信息，如果没有结构化思维，信息就只是信息。可如果有了结构化思维，你就能够建立起自己的知识体系，每当接触到碎片信息的时候，就把它融入自己的知识体系中。

既然结构化思维那么有用，我们应该如何训练自己掌握它呢？

首先，当你面临问题的时候，要学会找结构。在这里，我简单介绍一下如何自上而下地找结构。

自上而下找结构，指的是你可以通过先找到一个结构，然后将信息放入结构内，从而让你的思维结构化。

举个简单的例子，你要做一周计划，可能会在Outlook列出一堆的事项。周一开会，周二团队汇报，周三向老板汇报，周四组织管理层沟通会，周五参加培训，周六部门聚餐。

当然，真正的计划不会那么简单，中间还是会穿插一堆的事情，一般都会按紧急程度和重要性的矩阵来排相关事务的优先顺序。这里的二维矩阵就是一个结构化思维的结构。

那如果周三你在跟老板汇报工作的时候，老板问你："你怎么看本次大数据分析中，重庆市的95后男生最爱买女装这件事情？"你应该如何回复呢？

如果你对结构化思维有概念性质的认识，那么你就可以用PEST（P政治层面，E

经济层面，S社会层面，T技术层面）的方式来组织观点，并速度回复他。

如果你对结构化思维没有概念性的认识呢？可能就是："嗯，可能是重庆市男生有疼爱女朋友的传统吧。"这种回复往往连自己都会感觉底气不足，凭自己直觉得出的结论往往不够全面、比较主观。在沟通的时候就会显得非常弱势。

针对一些常见问题，你可以很容易地根据以往的经验，很快地找到一个结构，并将思考结构化后进行回复。

当你脑海中缺乏现成的结构时，那该怎么办呢？你可以通过以下四个步骤帮自己实现信息结构化。

第一步：头脑风暴。拿一张纸或者白板，把关于这个问题的所有想法都列出来，并将类似的想法一一连线。

第二步：连线分组。根据第一步的连线情况，将想法进行二次分组。

第三步：提炼结构。观察第二步列出的这些分组，看是否其存在某种规律。按照这样的规律，是否需要补充或调整组别。接着用MECE（相互独立、完全穷尽）原则，来调整你的分组，直至最后形成无法调整的组。这个时候的分组，就是这个问题的结构了。

第四步：补充观点。结构确认之后，你还可以看一下每个结构中是否还需要补充其他信息，帮助你最终完善思路。

按照以上的步骤，你在理性地处理一些事情的时候，就容易把握结构，找出规律，不再是一脸迷茫了。

当然，如果没有一直刻意练习的话，你往往会觉得，别人带着做，就特别容易找到结构。但如果自己一个人思考，还是会陷入困局。下面再推荐你两个小技巧。

（1）通过常见结构类型来推导结构。常见结构类型包括任务分析矩阵（紧急性、重要性）、产品价值链、项目生命周期等。

（2）刻意练习，将知识转化为能力。我们的知识无非就是一种思维结构。我们在学习新知识的时候，如果通过刻意练习将这些思维结构加以应用，就可以将知识转化为能力了。

举个例子，埃里克森的人生发展阶段理论，相信很多人都听说过。如果在分析问题的时候，能将这个知识作为你的思维框架，那就可以让你的思维更加严谨，让你的沟通更顺畅。这就是将知识转化成能力的好处。

那么，应该如何刻意练习呢？推荐大家看《刻意练习》这本书，如果能把其中的知识转化为能力，对你将会有很大的帮助。以下介绍几种常用的方法。

1. 边看边想应用场景

当你看到一些有意思的理论，可以试着思考出它的三个应用方法，并尝试着自己举例子，并记录下来。定期整理自己的笔记，尝试将记录的理论进行归类。

2. 尝试写点儿文字

我的个人习惯就是看到一些有意思的东西，就要设法写出来。如果读者能看懂你写的东西，那你就成功地将知识内化了。

3. 定时挑战

每天抽5分钟，将自己当天碰到的一件事情设法用结构化思维的方法再次验证，最好能列个提纲，定期分享一下。这个也算是复盘的一个过程。坚持训练既能提高你结构化思维的能力，还能提高你复盘的能力。

4. 不要去试图解析伪命题

如果你推论的基础或者分析的结构就是错的，那么你做得越多，错得也越多，还会给自己徒增烦恼。

解决问题和填坑的能力，能帮你走得更快、更远

问你一个问题：哪些能力对行政人员来说最重要？相信大家可以列出很多项，如沟通协调能力、组织能力、逻辑思维能力等。但我认为还有一种能力应该引起大家关注，那就是解决问题和填坑的能力。毕竟雪中送炭比锦上添花要难能可贵得多，出现问题时有人能摆平，自然会让人印象深刻。

在我们为企业提供行政服务的过程中，本质上都在解决各种各样的问题。

问题是各式各样的，而解决问题的方法也是有章可循的。如何才能高效地解决各种问题，并成为工作中的中流砥柱呢？

我认为可以尝试从解决问题的五个步骤入手，即澄清问题、分析问题、提出假设、验证假设和解决问题。

接下来，我将结合行政工作中的一个实际案例（员工停车管理）来说明。

1. 澄清需要解决的问题

一段时间有同事向我们反馈，现在园区车辆没有位置停车。收到反馈后，我们从几个方面进行了确认。

一方面咨询了园区入口和园区内负责巡查的保安关于停车的情况，另一方面从数据角度核对了园区可用车位数量和实际每天进出车辆数据，最后得出的结论是：目前园区车位是基本能满足需求的。

于是，我们和提出问题的同事进行了沟通。在提出支撑依据后，他支支吾吾地说其实问题是在高峰期需要把车停在离办公楼和食堂很远的地方，并不是没有位置停车。

经过一番沟通和澄清，我们的问题已经从园区没有停车位变成了园区靠近办公楼和食堂的优质资源被挤占了。

2. 分析引发问题可能的原因

了解清楚要解决的真正问题后，我们组织了团队并分析了引发问题的可能原因。梳理后的原因包括个人有多辆车而小区车位有限、居住在公司周边区域、因"开四停四"政策限制（广州车辆限行政策）、其他工作原因如加班保障需要停放。

3. 假设所有可能原因中最有可能的一个或几个

在确定初步原因后，我们进行了进一步分析讨论。工作原因需要加班保障毕竟不是常态化，应该不是主要原因，而"开四停四"政策的影响确实可能会对一些外地车造成影响。

但最主要的还是由于公司实行免费停车的政策，所以会导致部分同事会把车停放在园区。从便利性考虑，这些同事一般会优先选择停放在地下车库或是靠近办公楼和餐厅的位置。

4. 对此前的假设进行验证，找出真正的原因

为了验证此前的想法，我们对一段区间内的车辆停放数据进行了数据分析（包括车辆个人信息、夜间停放天数、家庭住址等），同时对部分长期停放的同事进行了抽样调研，结果显示有70%的停放问题还是多辆车和居住在周边区域的同事导致的。

5. 根据找到的原因，确定最终的解决方案

基于园区车位暂时能满足停放的前提，我率先提出将车库和办公楼餐厅周边的车位计入停放天数统计范围，规定每个人每月累计停放的次数不能超过5次（0点至6点停放在该区域停放计数1次），做到尽量将这些车位释放出来，让大家先到先停。

而填坑能力本质上也是问题解决能力中的一种，只不过所处理的问题更加特殊。

在我们的工作生活中，也会遇到各种困难，有同事辞职或调离留下的，有些甚至是别人故意挖下的……这些问题会有更加复杂的背景和关系，对我们的能力要求较高。

  在遇到这些难题时，除了"拖"和"滚"，或许还有第三条路可以选，就是把埋下的坑填上。事情肯定会很复杂，但如果能做好，就是一种了不起的才能。

数字化管理让行政工作更有说服力

在数字化洪流的影响下,越来越多的行政人员开始意识到数字化管理对行政工作的重要性,部分企业甚至将其作为员工核心能力来培养。

也许有人会说,数据不应该是市场部门、运营部门关注的吗,和我们行政有什么关系呢?实则不然。无论是员工满意度、单位面积能耗,还是预算成本管控等,数字化管理在行政领域大有可为。作为企业行政人员,尤其是有竞争力的行政人员,更应该关注和发挥数字化的功效。

一、行政工作更应该有数字化的管理

无论是公司还是部门领导,没人愿意去看一堆流水账,洋洋洒洒几千字的文字汇报,还不如罗列几组数据来得酣畅淋漓。行政工作的数字化管理可以让大家在最短的时间内关注到自己感兴趣的信息。当然,本就烦琐杂乱的行政工作更该如此。

此外,量化分析会让工作更有说服力。试想一下,向公司领导汇报预算时,因市场环境变化我们今年的预算需要增加很多,理由是……今年我们预算总体需要增加××元,较去年上升3%,但单位运营成本下降5%,哪种会更有说服力?毫无疑问是后者。

二、着力构建行政量化指标管控体系

行政的数字化管理,并不是盲目地去数据化一切,而是应该通过数据化的思维,根据公司发展战略,构建行政量化指标管控体系。

行政管理的核心指标体系应该和公司发展战略或核心业务一致,是从公司发展战略及对行政工作的总体要求中提炼出来的，同时又是规划落实的重要抓手。

对每个指标，你要有明确的指标公式和解释，有明确的取数来源，确保我们所设立的指标是严谨和合理的。同时，这也是该项指标对应行政工作的量化指南。

比如，平均工单完成时间=统计期所有工单合计花费时长/总工单数，这要求我们对相关工作开展要以工单形式下发，同时统计工单各环节所花费的时长。有了这个数据之后，我们就可以研究分析，我们的工作效能是高还是低，同比、环比的变化情况如何。

三、数据会说话，要通过数据去推进和提升行政管理工作

数据化并不是目的，只是一种手段，最终是为了从数据中发现问题或趋势，从而去改进和提升我们的行政管理工作。也就是人们常说的，数据会说话。

举一个简单的例子，财务通过数据监测发现近期园区水费增长率较高，于是，行政部门通过对园区用水数据进行统计和分析发现，自某个时段后，园区用水激增50%以上，从而导致了水费的增长。

而通过对用水行为（包括数据中心空调耗水、日常生活用水、绿化灌溉用水等）进行分析发现，近期业务量环比并无太大变化，判断是园区地下水管有爆裂等异常现象。

但园区地下水管分布区域广，数量多，无法定位具体的故障位置。你就需要通过对水管闸阀的开合控制及水泵的保压和水池水位下降等得出的数据进一步进行分析，得出具体的故障区段，最后结合园区路面发现的渗水现象和其他技术手段进一步定位故障点。

找到故障点位后，还要进行财务数据分析，综合考虑故障点位漏水数量及费用以及整个开挖修复所耗费的成本来决定是否开挖维修。

从这个例子可以看出，数据在我们行政工作开展中的作用非常之大。

第7章 人生杠杆：探寻行政人员进阶的方法与技巧

跨界成长，快速迭代，你Get到了吗

互联网在充分赋能每个人的同时，也同样在加速放大每个人的能力。这早已不是一个看资历的时代了，有些人的工作经验虽然短，但自我迭代的速度可能比你快十倍。

就行政这个领域来讲，同样如此。因此，你对行政理解的层次已经决定了你能走多远。借助多元思维模型，我大致梳理了一下行政运营的能力层次模型，从能力层次模型来看我们可以从哪些方面进行迭代吧。

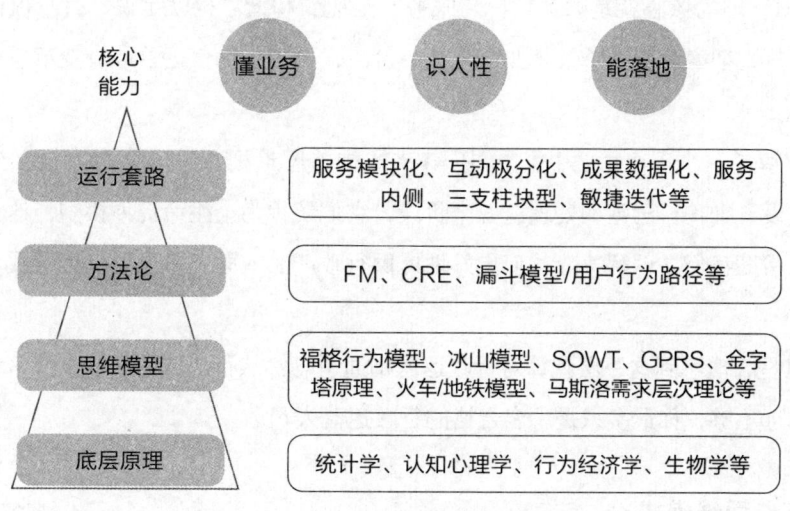

图7-1 行政能力和认知模型图

现在，从能力和认知模型来看，我们在迭代过程中会碰到什么问题？

一、运营套路

大部分刚上手的行政人,一开始都希望能迅速学习一些能够上手的运营套路,因此很多行政人自觉或不自觉地都会在这个阶段停留很长时间。

有那么多的坏处,那为什么很多人还是愿意停留在这个阶段呢?大概是因为容易上手,拿来即可用吧。行政部门毕竟不是一个直接创造价值的部门,大部分时候还是停留在解决问题和展示存在感上,而学习更多的运营套路显然更有利于解决短期问题。

但长期停留在运营套路上不可行,如果一个行政从业者要想继续向上走的话,不去理解行政运营的本质和方法论,反而容易出现病急乱投医的情况,结果不但解决不了问题,还容易不断地给自己制造麻烦,从而陷入挖坑、填坑的死循环。

二、运营方法论

随着行政这个行业的发展,大量行政管理人员在接触了国内外各类专业管理的观念后,也开始逐渐总结和提炼行政工作中的方法论,在"线"的层级进行思考及探索,例如陈光老师一直在推广的FM。

FM管理的核心就是财务指标与服务产出达到和谐。也就是说,行政提供的产品本身从长期来看要能够给企业带来核心价值,否则再如何运营或者变革也是没有意义的。

理解了这个理念后,我们再根据FM的相关理论把行政的职责大概划分为规划、建设、维护、运营和处置这五个阶段,它们统称为全生命周期模型。这套模型既可以帮助我们去理解实际如何更好地提供行政产品或服务,又可以指导我们搭建团队。

但是,理解到这一层就算对行政运营精通了吗?从行政人的职业发展来看,可能还远远不够,你最多只是一名合格的行政运营人员。

三、思维模式

当然也会存在这样的情况:就算了解了具体的方法论,有时候你还会有无从下手的感觉。

第7章 人生杠杆：探寻行政人员进阶的方法与技巧

拿人的因素来说，如何提升最终运营的质量呢？

为了回答这个问题，首先想到在运营本质上是让你的用户能认可并使用你提供的产品或服务。那么，应该如何才能让用户认可并使用呢？有没有什么理论是研究人的行为及内在的原因的呢？当然有，其实心理学家早已对用户行为的问题有了研究，那就是福格行为模型，我们只要把研究成果应用在实践上就可以了。具体就是三个关键词：先动机，再简化，最后去触发（顺序不能乱）。

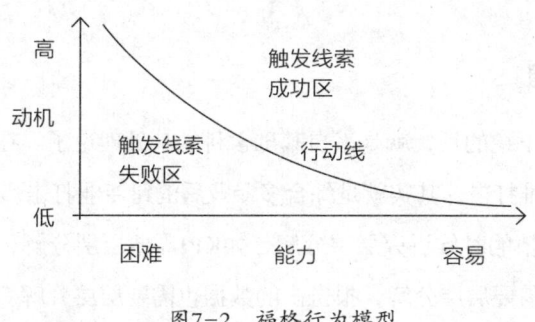

图7-2 福格行为模型

如图7-2所示，以纵坐标为动机，横坐标为能力，这个横坐标左边代表困难。图中的曲线叫行为成功曲线，曲线上方是行为成功区，曲线下方就是行为失败区。

根据福格行为模型，人的行为是由动机、能力、触发三个因素共同作用的。如果我们不想某个行为发生，那只要让动机、能力或触发中的某一项不发生就可以了。

同样的，在行政运营中，如果你想要触发用户对产品或服务产生认可或使用这个行动的时候，我们就可以借鉴福格行为模型。比如，我们要想增加用户对垃圾分类的行为的时候，就可以从先动机，再简化，最后去触发这个逻辑去处理，当然一定要做用户路径分析。

（1）增加用户的动机。我们可以用积分、公开表扬、树立榜样、公开承诺等措施。

（2）用实施这个行为所需要的能力。增加垃圾桶的数量、配置更容易区分的垃圾桶配色或样式、方便提高垃圾分类的口诀、辨识度高的指引牌、提供给用户有明显分类标识的产品等。

（3）提供合适的触发条件。比如，醒目的提示词、人工提醒、反复的宣导、设立一个典型的反射条件等。

思维模型或方法论可以视作一种前人经验累积总结后的精华。通过合理地使用思维模型或方法论，我们可以少走很多弯路，提高效率。很多套路其实也是从模型或方法论演化而来的。

学会了思维模型或方法论之后，你就有机会摆脱单纯的使用外来的套路这个定式，从而可以创造出属于自己的一套方法论。

四、底层逻辑

当我们继续往下挖的话，就是来自基础学科的基础理论了。在经济学里有一个著名的单词，叫降维打击，其实就是综合多专业后的跨专业打击。

我们做很多事情的时候讲究层层分解，如KPI需要层层分解，数据分析需要层层分解，问题分析需要层层分解，报告内的数据也需要层层分解。根据对层层分解后得到的最小颗粒度带来的信息，最后发现问题，甚至于进行重构带来质变。这听上去虽然很玄，但其实还是物理学中最基本的还原论的思想。

所以，掌握底层逻辑后，很多道理就互通了。比如，我们行政有个必学的核心技能，那就是学会拆解。

如果你希望达成你的KPI，其实就要把一个关键指标拆解成若干二级指标，然后再把二级指标拆解成三级指标，并进行层层细分直至最基本的指标为止。有了这些基本指标，就可以解决行政很多时候的KPI考核问题了。让我们行政人员知道如何通过在业务上某个基本指标的操作提升KPI，并理解行政的工作是如何对业务的全局产生影响的。

从行政的能力和认知模型上来说，我们日常工作中追求的应该不仅仅是结果，更要重视对套路内更深层的方法论及思维模型的提炼，通过"修炼内功"，提炼出自己的思维模型。越能从思维的底层思考一件事情，你的价值也就越大，你比别人在认知上的迭代速度也就越快。

一个人的成长，不是看他学习或积累了多少知识，而是看他是否能够通过掌握思维模型和底层原理来有效地解决问题。

接下来分享一下我的迭代经验。

（1）利用地铁模型做敏捷迭代。

（2）利用体系化的知识增加自己的积累。比如，我前段时间看了客户服务运营支撑系统的相关文章，学习之后，系统地积累自己的知识并内化后，设法在自己的工作中套用，如图7-3所示。

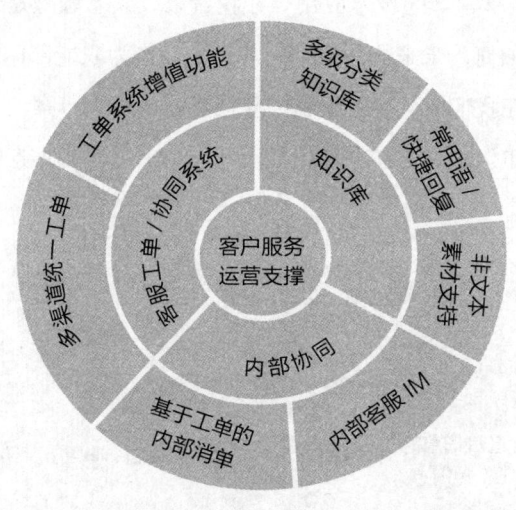

图7-3　服务运营支撑系统图

（3）运用数据思维实现自我迭代。数据思维与分析能力是基础能力，也是通往高手的进阶之路，学会利用客观、理性的数据指标来衡量成长或是量化目标与结果。

手机端，可以尝试用Swipetimes（一款Android平台的时间记录工具），将时间投入与你的具体事项结合起来。PC端也有类似的工具，可以将电脑上的时间开销记录下来。让自己一天的有效时间和休闲时间一目了然。

随后就是建立指标，细化目标，收集反馈及根据结论迭代，可以用Excel做记录。最后记得用思维导图整理思路。

（4）组队迭代成长而不是独自作战。比如，遇到问题不会只看书，还要会百度、问知乎，也会去请教大咖，看看别人是如何解决的，一定要看有成果的案例，纸上谈兵没有意义。

（5）学会通过分享来积累知识模块。受限于眼界、学识，每个人的知识模块其实很有限，因此我们学会共享知识并获得其他人的反馈就很有必要了。比如，之前写FM方面的文章，一定是先和大咖们反复交流，先共享自己的所思所想，抛砖引玉式地获得大咖的知识模块。一方面做交圈，另一方面可以扩展自己的知识界限，让自己写的东西更有价值。

（6）关注在共享领域的技术应用。在我看来，共享领域是未来的发展方向，不管现在发展情况如何，未来的想象空间非常大。作为职能部门的我们有意识地思考这些前沿技术，在我们所从事的工作中应用场景或解决方案。

（7）学会用知识图谱来扩展知识边界。比如，用区块链来查询知识图谱的话，可以得到图7-4。

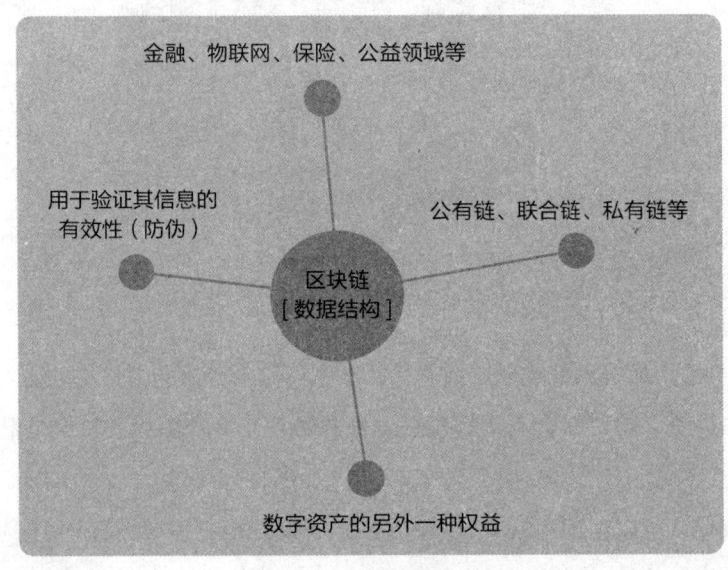

图7-4 区块链知识图谱

基于这个知识图谱，我们就可以知道区块链的知识或应用边界，并有意识地去了解。

学会"混圈子",扩大人脉资源

看到这里,说明你已经走在成功的路上了。

为什么这么说呢?一方面是你认可圈子在行政工作中的地位和作用,另一方面是你正在找寻合适的圈子。有想法又有行动,想不成功都难。

说明一下,现在的圈子已不局限于××协会之类的实体圈子了,还包括品牌/平台聚合圈子(专业公众/服务号+微信社群)等形式。

一、加入圈子好处多多

为什么大家都想加入圈子,那加入圈子又有什么好处呢?在我看来,至少有如下几个方面的好处。

1. 问题能得到更高效的解决

人有难处,总希望能有人帮一把。而行政人员在工作中碰到的难题,更是比比皆是。有个靠谱的圈子之后,问题一提出来,大家齐上阵。经过大家的一番讨论,结合各自企业的实际案例,一个有血有肉的解决方案就有了。

2. 对个人成长与职业发展大有裨益

除了解决问题,加入圈子更迫切的期望和需求是能帮助自己实现更系统、更专业的成长,拓展眼界和人脉,最终实现职业的发展。

一是可以实现系统学习。

二是可以实现眼界、人脉拓展。

三是拓展职业发展机会。

二、找到靠谱的圈子至关重要

既然加入圈子这么重要,那自然是宜早不宜迟了。但各种圈子鱼龙混杂,如何才能判定一个圈子是否靠谱呢?

1. 有稳定的、高质量的干货产出

一个圈子要想长期存在,必须要有其安身立命的本钱,而有稳定的、高质量的干货产出,则是最有效的一个手段。对于行政圈子来讲,最关键的莫过于行政领域各模块的专业文章、核心工作方面的课程培训、优质服务供应商/活动推荐等。

2. 有组织管理引导,有积极向上的环境

靠谱的圈子会制定相应的管理规则,违反者将按规定进行相应处理。而且还会有专门的组织引导,针对大家工作过程中的一些典型问题组织探讨,充分发挥圈友的集体智慧,而大家的成果会被输出形成相应的文章或课程,从而帮助更多人,实现良性循环。

三、做圈子的价值贡献者

圈子与个人的关系,可以说是共生共荣。圈子的发展离不开个人的积极参与,而个人也能从圈子中获得很多好处。

1. 遵守规则不添乱

贡献是方方面面的,首先遵守规则不添乱,不发广告以及和圈子无关的东西,已经做了很大的贡献了,否则又会让圈子管理员花费时间精力去处理。

2. 积极参与话题讨论与资源共享

当有圈友提出问题时,尽可能地参与讨论,贡献自己的一分力量。经常见到有人在群里寻求各种资源支持,手中有资源的你速速伸出援手吧。

3. 用你的经验和教训帮助更多人

做行政工作这些年,跳过的坑不少,感悟收获也不少,可以将自己对工作的总结以文章、课程等形式分享出来,可以帮助更多的从业者。

而且不同公司的行政岗位工作各有千秋,各有特色,通过分享和探讨,大家可以各取所需,共同进步。

行政行业相关的资格证书

平时在各个行政圈子,我经常在群里看到好学的同行问有哪些证书可以考。同时又有人说现在还考什么证,证书没什么用,主要看工作能力等。

证书是否有用,众说纷纭。不过我还是每年给自己制定小目标,逐步去实现。

为什么要考证?考什么样的证书?有什么好的培训结构?……像这类困扰大家的问题,我也同样思考过,下面就结合我个人的考证经历谈一谈。

一、为什么要考证?

回到起点,我们考证的目的是什么?考证有什么好处?我认为至少有以下两个方面。

1. 证书是求职/升迁的敲门砖或加分项

本岗位必须具有××证书,具有××证书者优先考虑。这些字眼相信大家都不陌生,这在很多公司招聘需求的岗位要求中出现。

为什么企业招聘会有这种要求呢?一方面是部分岗位法律法规有明确的要求必须持证上岗,另一方面也代表企业对证书价值的认可。如果有两个候选人的基本情况相差不大,那为什么不选择拥有专业证书的人员呢?

2. 考证是一个系统的学习过程,对个人成长和知识积累都有好处

作为一门考试,政府部门会组织行业大量的专业人员组成专家组或编委会,输出考试大纲、指导教材、题库等资料,整个考试的内容都是经过严格论证的,对行业及人员的发展具有很好的指导作用。

而对个人来说,通过备考的整改过程(无论通过与否),能够对考试涉及的内容有更加体系化和专业化的学习,这样可以弥补实际工作中涉猎知识面较窄、对问题研究不深等方面的不足。

二、可以考哪些证

个人认为,对于行政人员来说,虽然没有正统的行政专业领域的证书可以考取,但是可以结合专业特征、未来职业发展规划及证书的含金量来选取合适的证书来努力。

1. 人力资源管理师

适用于有志于往人事方面转型或是全面发展的,目前有较大的市场需求。

目前国内大多数企业中人事、行政不分家,而且不像建造师等那样要求有工科专业背景,因此比较适合大多数行政人员。

此外,通过学习,也能了解《劳动法》、社保等方面的知识。

2. 注册安全工程师、注册消防工程师等

适用于在安全领域发展的行政人员。

目前国家及部分大型企业对安全管理愈发重视,很多公司纷纷将安全职责从行政中剥离出来成立独立部门,未来前景十分向好。

3. 注册建造师、智能楼宇管理师等

适用于具有工科专业背景,在基建施工、物业设施设备运营管理、行政信息化等领域发展的行政人员。

4. PMP、CPMP等

适用于所有行政人员。

项目管理专业人士(人事)资格认证(PMP,Project Management Professional)指的是美国项目管理协会(PMI)举办的项目管理专业人员(PMP)认证考试,在全球190多个国家和地区推广,是目前项目管理领域含金量最高的认证。获取PMP证书,不仅可以提升项目经理的项目管理水平,还可以直接体现项目经理的个人竞争力,是项目管理专业人士身份的象征。

如何才能从行政基层人员成长为行政经理和总监,个人觉得项目管理能力的培养是非常重要的一个方面。如前面所述,通过参加PMP的学习考试,可快速搭建项目的知识体系和架构，同时再结合个人项目的工作实践，达到学以致用，融会贯通，将极大地提高个人的竞争力。

三、如何考取到心仪的证书

关于考证的技巧与方法，每个人都有适合自己的方法与习惯。下面就讲讲我个人的一些经验，看能否给大家一些启发或引起共鸣。

1. 高度重视真题的作用

很多朋友喜欢一开始就钻到教材里面去，希望能够全面熟悉，本着宁可错杀一千，不可放过一个的原则。但往往让自己疲惫不堪，失去备考激情。其实如果善用真题，能起到事半功倍的效果。

找到真题，将其分为两部分。一部分是近两三年的。先看真题和答案，把真题对应的知识点标注到教材目录和相应章节，完成后再进行总结分析，就能大概看出考试的重点、出题的喜好等。

比如，通过注册安全工程师真题（法律法规部分）的分析发现，安全生产法相关的考点占到了15%左右，所以这就是重中之重，需要我们认真研读。

2. 制订合理的备考计划

如果有考证的想法，就应该提前制订备考计划，不要等到考试报名通知出来才准备（当然对考霸不适用）。

如确定好证书目标后，了解考试报名时间与条件，购买考试真题等备考资料，按照考试时间倒推来制订详细计划等。

3. 寻找志同道合的圈子/考友

普通考试一个人也许可以应付，但是有些高难度的考试就需要去寻找一些志同道合的圈子或是考友了，大家可以一起讨论、互相鼓励。

值得关注的专业提升渠道

行政专业的提升除了在工作中实践和向上级领导学习外,还有一个主要方式就是积极关注行业专业渠道并参与其中。

一、行政联盟

首先要关注的就是行政专业领域的平台。行政联盟是国内首家企业行政服务互联网平台,服务于企业行政的工作、采购和社交工作。

二、IFMA(国际设施管理协会)

FM是行政未来重点发展的方向之一,而且和行政的工作交集也非常多,组织及培训、活动等都相对完善,因此也可以重点关注。

国际设施管理协会(IFMA)成立于1980年,是全世界最大、最被广泛承认的设施管理行业协会。国际设施管理协会的分会遍布于全球多个国家,有多个协会和专业行业分会,支持24000多名专业会员。这些会员每年经手的设施管理产品和服务交易超过1000亿美元。

国际设施管理协会中国 (IFMA China) 是IFMA在全球的第一个直属分部。它通过职业认证考试与培训、行业活动、知识分享、资源整合等推进设施管理行业和从业者的进步与卓越。IFMA中国目前在北京、上海、广州、深圳和苏州5个地方设有分会。

如何高效利用海量行政参考资料

"超详细×××工作流程图,资深××人手一份""99%行政人都会下载的效率工具""史上最全行政管理制度"……

最近在多个社群都有类似的文案广为流传。我仔细一看,原来是每个行政管理人员在想方设法地获取相应的资料。

首先非常感谢这些资料的收集、整理及发布者,免去了大家搜集资料的烦恼。但同时又有点担忧,这么多资料,应该如何高效地利用呢?

那么,该如何善用收集到的海量资料,什么才是资料的正确打开方式呢?

一、不忘初心,按需取用

在互联网时代,资料获取已不是难事。资料大家都有,但能起到多大作用,就要看各自的能力了。

1. 明确获取资料的主要目的

拿到沉甸甸的资料,千万不要一头扎进去。有时资料看得越多,反而让自己越乱,就像电影中那些练功的人,一下学习太多门派的武功但又不能很好地化为己用的话,稍有不慎就容易走火入魔。

要牢记自己获取资料的目的,是为了拓宽知识面和提升自己,还是给手头的具体工作提供参考等。

2. 快速判断资料的质量与水平

资料多固然是好事,但也容易存在良莠不齐的情况。如看的是一些质量不高的资料,不仅不能给自己提供帮助,还容易影响学习的士气和心情。

那么，应该如何快速判断资料的质量与水平呢？那就要先看资料的目录、结构。如果目录都逻辑不清，正文资料可以不用看了，肯定也好不到哪儿去；如果目录的逻辑结构清晰，那就可以列入初选范围了。

3. 根据实际工作需要，选取合适资料

人的精力终究有限，为了最大化提高学习效率，要基于自己的目的快速选取合适的资料，而且资料在精不在多，千万不要贪多求快，否则容易消化不好。

在前期初选资料的基础上，可以进一步细看，子目录中如有自己感兴趣且和目的相符的内容，那就可以挑选部分具体章节细看。如具体内容充实、言之有物，那接下来就可以精读了。

二、解析学习精髓，切忌生搬硬套

拿到一份好的资料，那到底要学什么、怎么学呢？

1. 透过现象看本质，了解学习资料背后的思考方式和管理思路

好的资料，一般都会有一个特征，就是结构清晰、逻辑合理。首先要理清、抓住资料的主要结构，同时要进一步去揣摩资料背后的思考方式和管理思路，这才是一份资料最为可贵的地方。

此外，如果能与实际工作和问题解决相结合，针对同样的问题，看看自己是如何思考的，与资料提供的思路差异在哪，理论与实际结合，才会得到更快速的成长。

2. 学习借鉴资料精华快速提升

学习过程除了在思考方面努力之外，也可以充分吸收资料中的精华部分，如制度流程的格式、好的想法与举措、表格表单等，让学习过程有"立竿见影"的效果。

消化、吸收，善加利用来之不易的学习资料。勤思、多学，希望大家都能成为优质资料的创建与贡献者。

让行政事半功倍、快速进阶的工具软件

领导口头交代了一项工作，马上记在小本子上了。然而隔几天领导问起时，发现自己完全忘了这回事。

下个月要搞消防演习，安排合作单位提交一个方案上来。洋洋洒洒几千字交上来，可没重点、没逻辑，领导实在看不下去。

又到周报、月报、各种表格的汇总时间了，打开邮件，打开附件，复制粘贴，然后不断重复前述工作。

以上几个场景，你是否也似曾相识？

反正，我都经历过。我当时就想，要是能有一个强大的大脑，把所有的工作都记录、安排好，重点工作有团队分工协作，然后实现自动汇总汇报，那该有多好呀。

现在，有办法了。下面通过实例逐个给大家介绍下。

一、印象笔记：个人工作、生活大管家

印象笔记可随时随地记录一切，支持大多数手机型号。

1. 全面记录工作生活事项

所有事项都可保存成笔记，如领导交办工作、还信用卡等，重点工作设置时间提醒，会在笔记列表顶部显示出来以便重点关注，这样再也不会忘工作了，生活上也不会被家人批评了。

通过转发到印象笔记专有邮箱，工作邮件也可以直接生成一条笔记（属于高级账户付款功能）。部分重要工作主要来自邮件，所以这个功能很好用。

2. 构建个人知识管理体系

在电脑和手机上看到自己喜欢的文章和内容，可以用剪藏功能，保存生成一条笔记。

定期对平时积累的零碎知识按照自己习惯进行分类整理，如本人就分为行动（要做的具体事情）、工作项目（如体系规划、行政信息化、物业管理等）、生活（理财、旅行等）、学习发展（考证、能力发展等）、归档（已完成的项目）。

二、思维导图：提纲挈领正当时

思维导图是一种将思维形象化的方法，非常适合用来整理思路和提纲，也可用于整理读书笔记，总之用途多多。

之前曾负责过外包物业公司交接工作，由于涉及几百人的处置及大量资金、物资、资料的交接，同时又不能影响工作的正常运作。为了理清工作思路，更好地开展交接工作，于是我利用了思维导图搭建整个工作的结构。

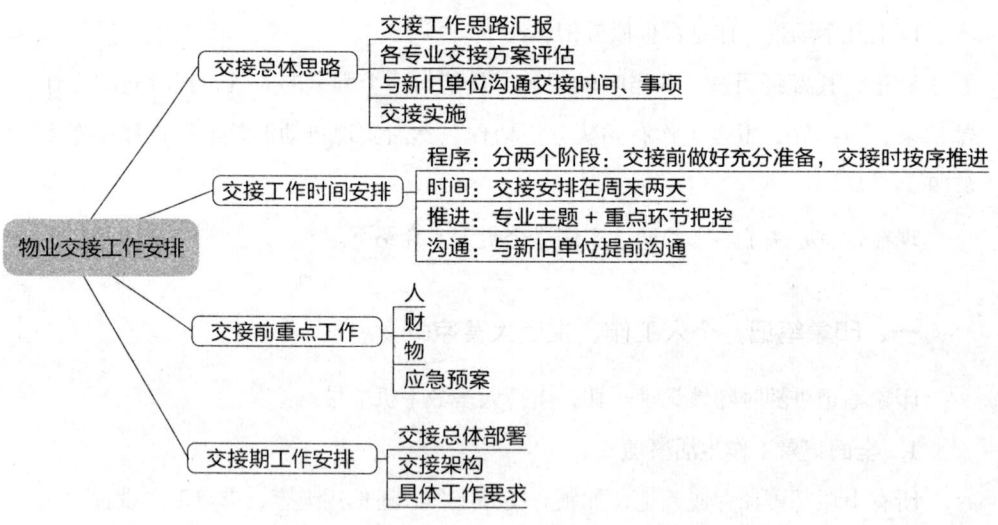

图7-5 物业交接工作安排思维导图

汇报完思路，接下来就要制订计划全面推进项目工作。一般的简易项目工作计划，Excel就可以搞定，复杂项目还得使用Project。关键是由思维导图制订的工作纲要可以直接导成为Project。

三、Project：运筹帷幄，决胜千里之外

Project可以快速、准确地创建项目计划，帮助项目经理实现项目进度、成本的控制、分析和预测。

制订完工作计划，接下来就是团队分工协作齐头并进了。当然关键节点还得多汇报，进度汇总自然免不了。此处轮到有道云协作出场了。

四、有道云协作：汇总协作小能手

有道云协作是一个企业知识管理与协作的平台，目前主要用于资料收集汇总和资料分享。

有道云协作全面兼容Office及主流文件格式，每次更新都会形成历史版本，但多人同时编辑时在保存的时候会有冲突，不过冲突方可以先"另存为"。

最近，发现一款工具——石墨文档，也挺有意思。相比于有道云协作，它能实现多人同时在线编辑协作，而且是实时云端保存。

最后再介绍两种实际工作中非常方便的工具。

五、Visio：流程图制作好帮手

Visio是绘制流程图使用率最高的软件之一，是行政人员在制度流程建设时的好帮手。

以停车位申请为例，用Visio可以很轻松地将业务流程画出来，再补充相应的工作要求，一份车位申请服务指南就搞定了。

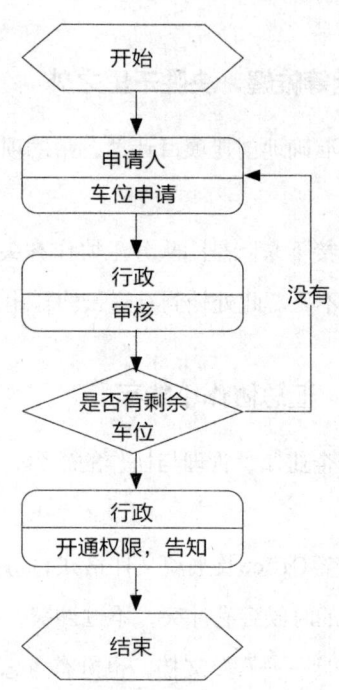

图7-6 停车位申请visio业务流程图

六、Everything：天下武功，唯快不破

Everything是一款文件、文件夹名称快速搜索软件。没别的特点，就是快。

第 8 章

成长之路：
从专员到总监你必须具备的管理技能

从助理到主管，你需要这些知识和技能

前几天有个朋友问说，她从助理晋升为主管了，但她有点苦恼，不知道除了职位的变化外，自己在具体的工作上要做哪些改变，才能在主管这个岗位上发挥更大的作用。

让我们先看看，从数据关键字的角度，行政助理是什么？

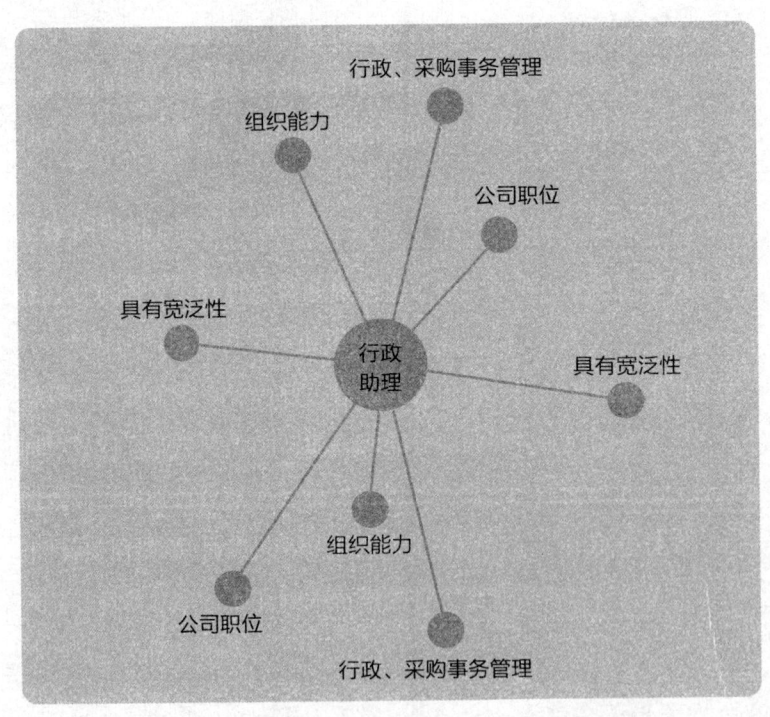

图8-1　行政助理知识技能图

看了助理，那行政主管是什么？

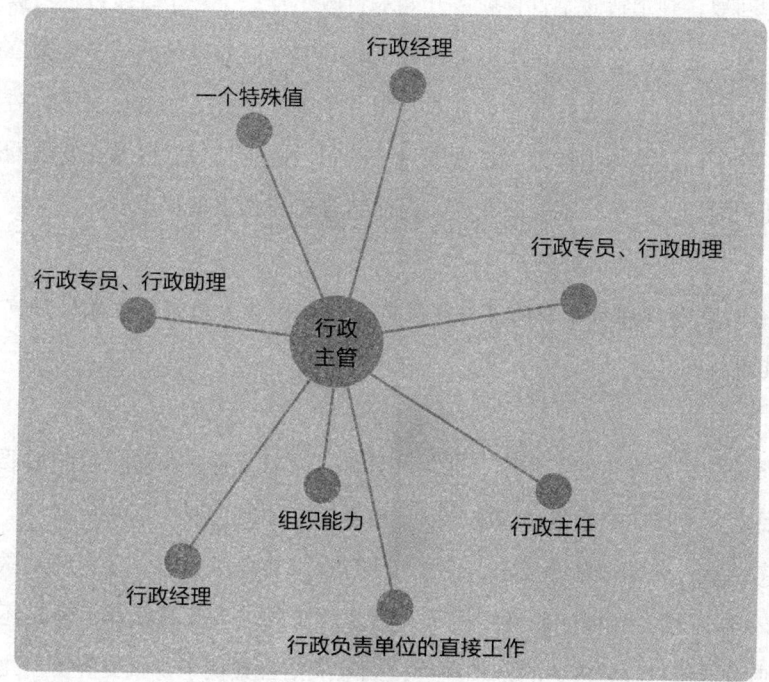

图8-2　行政主管知识技能图

他们两者除了上下级的关系外，还有什么差异点呢？下面我们从一些面试题与JD的维度来分析下。

（1）从面试题说起，别人家的行政主管需要哪些知识和技能？
（2）从JD看，大中小企业的行政主管需要哪些知识和技能？
（3）总结一下，我们需要哪些知识和技能？

以下面试题及参考回复由某大厂行政总监贡献，仅供参考。

Q1：在你的理解中行政主管的工作中需要包含哪些内容？

考核简析：主要看面试主管岗位的求职者对行政主管岗位的整体理解。

参考回复：到了行政主管，就要开始对行政工作的某一个维度进行负责了，在一些中小型的公司，甚至要挑起整个行政工作的运营。如果是面试中小型公司，你可以对行政的整体工作进行简述，并对其中几个维度结合案例进行说明。对于大中型公司，除了简述整体工作外，还要强调一些自己的管理经验以及在发现问题解决问题方面的能力。当然，不管怎么说，提前结合JD来做准备很重要。

Q2：现在行政部有个新的差旅政策需要传达，你会用哪些方式进行宣传并让大家都能理解？

考核简析：在日常的工作中，如何和其他部门打交道是行政主管的重要能力。这道题目主要考核你的思路和措施，以及最重要的如何管理人际关系。

参考回复：公司政策的发布，除了官方渠道（如邮件公告、公告栏、微信公众号、OA公告、相关流程内的弹窗提示、重要政策的培训和考核等）外，还可以通过主要使用层和利益层传达的方式进行，如果能结合案例来说就更好了。比如，特意告知部门领导（KOL）、给小群的人再次发邮件或者以更新SOP或指引的方式、反复宣告等措施。

Q3：接到通知近期有政府部门组织行业参观，作为行政主管，你应该做好哪些工作？

考核简析：主要考核你是否有相关的经验，经验也是能力的一部分。同时也会考察你的逻辑思维能力与语言表达能力，如果你能有条不紊地按流程说清楚，那基本就通过了。

参考回复：如果有经验，按照经验回复即可；如果没经验，可以参考以下检查项：行程（差旅安排、酒店安排、用车与停车安排、餐饮安排、会议安排等）、陪同人员（对方人数及职级、我方人数及职级、讲解人、拍摄者等）、展示内容（参观区域、参观路线、节点介绍、PPT及座谈内容等）、会议安排（会议室、参会人员、需要的设备等），按照这个流程来回答基本没有大问题。

Q4：如果让你拟一份放假通知，给你5分钟的时间，你能写好吗？

考核简析：好的文字能力是行政管理者的重要技能，草拟一份放假通知能很好地考察对公文格式的熟悉程度和发文流程。

参考回复：这一道题目主要是考察对于公文格式的熟悉程度。对于行政人员来说，发布类似的公文是日常工作的一部分，经常会用到，因此要求行政人员能快速地起草出来。在写作时要特别注意格式和措辞。另外，如果是外企，你能用中英文通顺地起草一个通知就很厉害了。

Q5：从某个具体维度来说一下你关于行政成本控制方面的措施或者你认为可以从哪些方面入手？

考核简析：这里就是考核你对某个行政工作模块的了解程度，对某一个模块越是了解，越是能在实际工作中发现可以优化的点。

参考回复：你可以从自己最熟悉的工作入手，分几个维度来进行阐述，最好能结合自己的工作实际案例来说。最好不要特别泛泛而谈，而应该具体一些，如控制办公用品的价格、宣传节约水电、控制打印成本之类的。

Q6：如果让你管档案的话，你会如何管理？

考核简析：这里还是考察你的实操经验和专业知识。

参考回复：这里可以从两个维度简单说一下，一个是从档案分类的角度来说如何管，另一个是在你的经验中有哪些地方可以改善。

从上方的六个问题来看，作为主管，你需要什么样的知识和技能呢？

* 你对行政工作的整体理解。

* 你对行政某个板块的深入了解。

* 你的实操与经验总结。

* 你对费用及费用控制的实操与理解。

* 你做事情的条理及逻辑性。

* 你是如何管理人际关系的。

从职业发展的角度看,从助理到主管是一个关键的晋升。如果是内部晋升,只要没有明显的短板,其实要晋升并不难。晋升前可能你的工作特点是对于领导安排的工作能高效地完成,同时不给领导惹麻烦,那基本就没啥大问题。

接着,让我们进入第二部分,从JD来看,你需要哪些知识和技能?

分析巨人网络公司和字节跳动招聘所需行政助理的JD来看,助理所需要的知识和技能不多,而且大部分都是很基础的知识。但做到主管后,你需要的知识和技能就多起来了。

(1)办公空间的规划。如果没有做过装修或者经历过几次空间调整,就算你读了一堆书籍,也很难落实。

(2)行政事务的日常运维。这里涉及如何管理人、如何管理供应商、如何做复盘、如何做计划、如何做数据分析等。

(3)资产管理和对账。这是行政工作人员的基本工作,也是最容易疏忽的部分,按照目前资产管理的趋势,除了管好资产外,更要设法让资产创造价值。

当然,类似字节跳动这样的企业,一个行政主管所负责的事务,很有可能是一家中小型公司行政经理负责的事务。但正是因为如此,你才会有更快的提升。

最后,就是总结部分,以下总结了作为主管所需要的一些知识和技能,希望对你有所帮助。

1. 有意识管理

● 作为新晋管理者,一定要学会向上级主管寻求支援,从而利用上级领导提供的资源,扫清障碍并发挥优势。

● 按统一的模板整理各版块的操作流程,对团队进行统一培训。

● 利用现有资源进行互相学习。比如,有的同事Office水平很高,那就可以请其在会议上分享如何利用Office来提高工作效率。

2. 系统化管理

● 学会用PDCA循环来进行闭环的团队绩效管理。

● 学会利用员工成长路径图来量化员工能力数据,从而促进良性竞争及发现高潜人才。

● 通过员工成长路径图来绘制团队成长路径矩阵,从而对处于不同区间的伙伴采取不同的措施。

3. 从全局利益上看问题

● 从开始就学会引导团队摆脱"这不是我们部门负责"这个思路。

● 在日常操作中,学会利用岗位分享、轮岗等措施让团队养成站在他人角度看问题的习惯。

4. 必须会的几种技能

● 复盘总结。

● 发现问题出在哪里了。

● 找到问题的解决方案。

● 以后如何避免再次发生。

● 结构化解决问题。

● 分析问题。

● 盘点资源。

● 测算实现成本。

● 步骤分解。

● 定期汇报。

● 其他知识。

● GRE。

● IFMA。

● 人体工程学。

● 统计学。

● 采购管理学。

主管升经理,你准备好了吗

经常有人问我:准备从主管升职为经理了,有哪些经验或技巧可以帮助他更好地胜任岗位?

现在,我就从九大能力、四大思维误区和两种日常要避免的思维模型的角度,和大家进行沟通和分享。

一、行政经理的九个能力

当行政经理之后,你又要对结果负责,又要对过程负责,项目成败都算你头上。你的错是你的错,团队的错还是你的错。凡是影响到项目进程或成果的问题,不管是谁造成的,最后担起责任的一定是行政经理。

作为行政经理,你必须拥有以下九个方面的能力。

(1)较强的时间观念。这是个老生常谈的问题,但真的非常重要,尤其到一个新地方的时候,这将非常有利于你站稳脚跟。所以说,今日事,今日毕,让你更加如鱼得水。

(2)较强的文档能力。行政是个很依赖笔杆子的工作,如果你笔杆子不好,逻辑思维能力不行,那么你连文档内的破绽都看不出来。另外,写作强的人,在沟通上往往也容易将意思表达得更清晰(不代表逻辑一定清晰)。这样一来,行政团队之间的沟通也会更顺畅,而且做文字工作在做社交圈上有天然的优势,就更加不容易出现理解偏差了。不但自己的写作能力要强,还要培养团队成员的写作能力,否则不利于团队的成长。

(3)具有制订计划并完成的能力。这里分两个方面,一方面是要学会根据需求制订并分解可达成的计划，另一方面有能力根据你制订的计划书来完成。

（4）擅长任务分解。接到一个任务，千万不能盲目去做，而是要学会花几分钟将任务结构快速勾勒出来，这个技能不难掌握，但很多人却不会重视。在实际操作中，如果将任务分解得越细，责任人越明确，就越能避免很多踢皮球的现象，发现问题后，你也能更有效地定位并解决。

（5）控制过程的能力。在很多领导力课程中也会提到这一点，标准的做法就是找到关键的过程节点，找到过程节点后，通过建立反馈机制来进行控制（比如说例会、周会或者定时反馈制度等），而不是有事没事地去监控、去询问。

（6）学会总结汇报。作为行政经理，想要让自己的地位稳固，只会发现问题、解决问题是远远不够的，一定要学会反思，搞懂复盘。这些都可以通过总结汇报来逼着你掌握。

（7）培养跨界思维。从实操看，行政管理更考验的是综合能力，跨界思维不一定能让你转行，但能让你通过将不同领域的知识融会贯通，从而在面对跨部门或跨专业的项目合作中，更从容地预计风险，解决问题。

（8）做个有亲和力的人。有一些能力特别强的行政人在做到管理岗位后，总觉得只要自己能力比团队所有人都强，就能管好团队。其实这个观念是不正确的，自己能力只能让你解决能力范围内的问题。但如果你有了亲和力，则能更好地调动团队内或外部团队的资源，更好地拓展团队的能力边界，让自己更轻松。

（9）掌握强大的组织协调能力。行政经理不一定是你部门中某方面能力最强的人，但一定要是最擅长组织和协调资源的人。

二、行政经理要避免的四个思维误区

这里的思维误区，指的是会影响到你做系统性思考的思维定式。改变思维定式从而让你绕过弯路，学会站在整体的角度来思考问题和解决问题。

1. 本位主义

误区描述：其实就是要有做好一颗螺丝钉的思想。这个思想的核心就是，只要做好自己所在岗位的工作就可以了。

导致的风险：

（1）能力单一化或适应性差。

（2）部门的孤岛效应。

解决建议：

端到端的流程架构思维。

试着运用非行政的方法解决问题。

2. 错误归因

误区描述：在工作中往往与本位主义伴随出现，主要表现在出了问题后，习惯性地将原因归结到外部的因素上，而不去发掘自身的原因。

导致的风险：容易让自己钻牛角尖，并越发极端，不但影响与他人的正常相处，而且影响自己的心理稳定性。

解决的建议：

让对方先表述，达成共识，减少误解。

学习自黑。自黑是一种高情商的表演，你如果开始自黑了，那你就能开始接纳不同的意见了。

发生问题的时候，先明确争辩的目的，再去找解决方案。

最有效的办法是让自己的音量降低下来。

3. 喜欢投机或投机意识泛化

误区描述：相信幸存者偏差，相信短期利益。

导致的风险：

容易被短期事件主导，也容易受到波动影响。

在短期获利和长期提升间往往摇摆不定，很难实现自身整体性的提升。

喜欢做立刻有正反馈的事情，而对长期预期不明的事情不愿意去做。

解决建议：

从养成记账的习惯开始，改善投机的习惯。

投机和计划是相矛盾的。如果你想改善投机性的思维，可以考虑碰到事情就列计划。

4. 喜欢从经验中学习

误区描述：并不是所有的知识或者学习都能通过经验获得，很多经验是让你巩固现有的知识，而不是获得新知识。

导致的风险：

让自己沉迷于实务，而非通过跨界思维去学习。

经验带来的碎片化知识，容易误导你的思维体系，遇到复杂的问题，往往容易陷入无法可依的窘境。

解决建议：

构建系统性的思维。

下载流利说之类的APP，每天强迫自己学习30分钟或以上，养成习惯后，再衍生到其他知识的学习上。

养成每周和朋友就一件事情深入交流20分钟以上的习惯，对交流的内容需加以整理。

以上四个思维误区其实特别常见，就算发生在自己身上也非常正常。但我们一旦意识到这些思维误区对我们自身的发展有妨碍的时候，就要选择合适的方式方法来解决。

三、行政经理要避免的两个思维模型

1. 极限增长模型

概念：所谓的极限增长模型指的是一件事情如果一开始进行得很顺利，并且发展迅速，那么这种快速的增长一定会导致副作用，从而使增长减缓甚至大幅下降。

举例说明：你刚入职一家新公司，为了体现自己的效能，往往会特别卖力，各种加班来者不拒，随着你工作时间变长，你的产出一定会有所增长。但这个产出增加一定会有一个瓶颈，因为你的时间和精力是有限的。

导致原因：单因果的线性思维。

解决建议：系统思维就是让你跳出只有靠拼时间才能提高效能、保住饭碗的误区。基于此，方法就很多了，如跳槽、做副业等。当然如果你本职工作就很忙，副业很难开展起来，那么你可以通过考证来增加你的产出附加值。比如，你有个造价师的证书，那你的工作含金量就高很多。类似这样的跳出单因果的线下思维的方式，对于行政解决问题而言是非常有用的。比如，员工投诉食堂饭菜难吃，真的仅仅是食堂饭菜难吃吗？

2. 转移负担模型

概念：转移负担模型就是当你遇到一个很难解决的问题的时候，就采用一些简单的办法减轻症状，结果深层次的问题越来越严重，这就是所谓的"治标不治本"。

举例说明：比如说员工投诉食堂饭菜难吃，你就让供应商增加免费的菜或甜品来减轻大家的投诉，但依旧没有去追查饭菜为什么难吃的根源。结果一段时间后，投诉问题越来越多了，你更加手足无措。

导致的原因：面对困难或阻力，选择降低目标或期望值。

解决建议：避免逃避，而是勇于面对，学会借力。比如，对于食堂饭菜难吃的问题，你完全可以找到更好的解决方案，而不是用"治标不治本"的小恩小惠去解决。

当经理后,你需要掌握一些技能工作法

很多朋友当经理后,开始管理一个部门时,感觉千头万绪,无从下手。为此,我给大家一点建议,帮你们梳理优劣势及短中长期的注意点。

困惑1:你真的能胜任行政经理这个岗位吗?

困惑描述:

对于自己晋升为行政经理,有些人感觉准备不足,不知道自己能否胜任行政经理这个岗位。虽然随着升职让人们对公司产生了更强的认同感,但还是有种冲动,已经学不到东西了,继续做下来的意义是否不大了?是否应该做几年后就跳槽呢?

(答疑解惑:)

针对这类问题,我们逐一分析。

(1)是否胜任的问题。对目前的公司而言,有些同行虽然能胜任行政经理这个岗位,但长板和短板都非常明显,长板在于对现有公司的匹配性,短板也是因为高度匹配现有公司,能力范围窄,思维定式明显。

(2)关于跳槽的问题。直接说合适与否都是不负责任的。我们随便拿了一个大厂招聘行政经理的JD来进行对比。相比之下,很多晋升为行政经理的人的知识、技术及能力的缺失非常明显。

表8-1 小A实际能力与职位职责、岗位要求匹配表

职位职责	要求分解	能力描述（以小A为例）
1. 办公区的空间、环境的规划管理及行政事务的日常运营（如前台、保洁、绿植、安保、康体中心等）	至少做过3次以上的办公室装修及搬迁工作、有过至少30人以上服务团队的管理经验	有过2次办公室装修及搬迁经验，下属3个人
2. 贯彻总部行政制定的规范制度并在日常运营中进行反馈并提出优化建议	独立建立过行政体系	写过一些基础的行政管理制度和流程
3. 参与制定办公区的行政预算并跟进预算使用情况	独立做过预算，预算总额>3000万，执行偏差<5%	没做过预算
4. 负责了解所服务区域行政服务体验的现状并提出有效的改进建议	能很快地和领导打成一片并有通过数据分析寻找问题的能力	性格比较内向，除了现在的公司外，没有和外人打交道的经验
5. 满足所服务业务线特定的行政需求及上级交办的其他事务	清楚互联网公司面上满意度优先，实际部门效能第一的底层逻辑	目前是传统销售导向的公司，人际关系相对简单，执行为主
岗位要求		
1. 至少5年以上大型公司（500人以上）行政管理工作经验，对行政工作有娴熟的技巧和深刻的见解		支持过300人
2. 熟悉行政事务、采购、工程、后勤、固定资产管理、物业管理等工作		有从事过相关事务

（续表）

职位职责	要求分解	能力描述（以小A为例）
3. 客户服务意识强，人际与沟通界面优，细致、执行力强，高度的责任感、抗压能力强	互联网大厂希望是一个能速度上手，且自我闭环与自驱动的人	目前公司无所谓的服务意识，接单处理
4. 优秀的外联与公关能力，具备解决突发事件的能力	办公区可能涉及各类政府和三道九流的关系，你自己想办法搞定	没有与政府等打交道的经验
5. 优秀的团队管理能力	搞定你的下属，不要因为空降了你，影响服务品质	目前都是老人，没有经历实际的团队管理

通过表8-1，以案例小A的实际能力来看，建议在目前公司行政经理这个岗位上继续干上几年，参加各类线下和线上的交流，了解外面企业对行政的要求后，对自己进行查补缺漏。

困惑2：如何在行政经理这个岗位上体现新的价值？

困惑描述：

如何在行政经理这个岗位上体现新的价值？相信这是很多行政人在晋升后的疑惑。如果晋升代表着更多的责任，那行政经理除了现在的工作，还能做什么有价值的事情呢？或者说，升职后，他要如何体现自己新的价值呢？

答疑解惑：

1. 什么是价值

（1）你能又快又好地做事情。

（2）领导把事情交给你，没有后顾之忧。

（3）交给你的工作，能做出亮点甚至是超预期的业绩。

（4）你的知识或技能在帮助公司业务发展上是稀缺的或比别人更专业。

（5）能主动发展，用更高一级的职责要求自己。

（6）能灵活处理人际关系，不是圆滑而是不卑不亢。

（7）永远传递正能量，不私下评价他人。

（8）能主动复盘与创新，同时做到经理，不管你愿意与否，一定要有付出的心态。

当然，一般没人会告诉你。对于企业而言，人效是最能体现价值的部分，但对于领导而言，忠诚在某些维度比人效更重要。

上面八点体现的是你显性的价值，你对领导忠诚度则在一些维度上决定了你的隐性价值。

2. 行政人如何发展

有位朋友提出了一个行政人三阶段的理论，我觉得有点意思。

第一阶段：懂实际操作、没专业技能的局外人。

这个阶段的行政主要表现的是什么呢？比如，关于固定资产管理，日常在资产管理过程中，就算发现里面有不合理的情况，但基本也不会提出自己的想法，而是直接给下一阶段，就算完成这一工作了。这类行政人员对待工作就像日常打卡一样，只是单纯的一个动作行为。但这样的行政管理者算得上专业吗？

第二阶段：有专业、没态度的职业人。

第二阶段的行政人是什么样的呢？还用资产管理举例子，这个阶段的行政人会对业务和数据主动进行分析，提出自己的看法，甚至可以拿出很多专业的分析数据以及改善方案，但往往方案很多，却缺乏伯乐。渐渐地，就会形成反正我已经说了，就尽了我的责任了。很多行政管理者会在这个时期感觉进入了一个瓶颈期，有好的想法但无法落实，感觉自己没有发展等。

第三阶段：有专业、有态度、有主人翁意识的人。

升级后进入第三阶段的行政人是什么样的呢？比如，行政拿到资产数据后，对清单上的资产都有自己的认知，基于对业绩真实情况的掌握，会对可以优化的资产寻找问题所在。也就是说，他会对这样一个数据深究，去发现很多问题，表明自己的态度，并通过各方面综合的信息去分析问题。通过和业务部门及领导深度交流。不光是喊口号做PPT，更多的是坚持对公司、对部门有利的东西，并设法推动和落实。

不管是绩效评估,还是升职加薪、培训机会、评优奖励等,对于领导或者高层来说,他肯定需要一个有主人翁意识的行政管理者。这个时候,你的价值,甚至你整个部门的价值才有机会得以体现。

困惑3:和外面大公司的行政经理对比,可以提升哪些能力?

困惑描述:

在听了困惑1和困惑2的解答后,有些行政人对自己未来的发展有了点儿想法,但不知道有哪些能力可以提升。

答疑解惑:

对于这类的困惑,我建议大家多提升通用能力。那么有哪些通用能力值得提升呢?

(1)学会用SMART原则设定目标,让目标更聚焦、更有可操作性。

(2)学会用OGSM模型设定战略,将模糊的战略细化为目的和操作步骤。

(3)学会用5W2H1R分析法理清思路,更有效地实现你的目标和计划。

(4)学会用时间管理四象限法,把精力放到能产生价值的工作上。

(5)学会独立思考,要有对企业及业务的观察及对应的结论。

(6)学会结构化思维,把海量信息进行加工、结构化。用来提取最核心、最重要的信息。

(7)学会通过复盘整理得失和亮点,方便自己查漏补缺。

(8)学习沟通技巧,从减少专业名词、多说接地气的话开始。学习面对,从微笑示人开始。

(9)学会梳理自己的知识结构,向行业内最优秀的人看齐,通过学习弥补差距。

上面的九点通用技能,我建议大家最好在半年内掌握并通过实际使用将其内化为能力,因为你就算以后不做行政了,这九点通用技能都可以帮你再次成功。

困惑4：如何管理好下属？

困惑描述：

很多行政经理觉得自己晋升后，之前部门内的关系就出现了微妙的变化，但自己不清楚是为什么，也不知道如何处理晋升后的下属管理问题。

答疑解惑：

解决人员管理的问题，本质上就是一个界定问题、分析问题、解决问题的过程（这种思路在解决其他问题时同样适用）。

首先，要明确你的目标，即你做人员管理的目的是什么。其次，分析清楚现状，下属对你管理手段或措施的反馈是什么样的：是无意的反对，还是有意的反对？根据目标与现状，从而明确出差距：是你或者下属没说清楚，还是下属的利益未满足？再针对不同的差距给出对策。若是你或者下属没说清楚，那注意准确描述，减少沟通偏差就可以了。若是下属的利益未满足，那么就要依据信服/利益矩阵，采取合适的对策来让人员管理落实到位。

（1）在你寻求合适的人员管理方案时，请务必先问清楚自己的目的。

（2）影响人员管理的原因一般有两种。

①理解偏差。一般是你没说清楚要求或下属没理解你的要求，下属提供的信息让你产生了误判及你将下属能力不足误判为了有意反对。

②下属的利益未得到满足。比如，你天天让司机加班，司机肯定不乐意，因为你让他正常休息的生理需求得不到满足了。或者，你下属的安全需求得不到满足了，他们会不会想你挤占了原本他们的晋升通道呢？再或者，原本你不是部门的中心人物，现在你晋升了，抢了别人的风头，自然会有所不满。

知道了原因后，你应该如何处理呢？如果是无意的话，只要你能明确自己的意图，减少双方的沟通偏差就可以了。那如果属于有意不听话，该怎么办呢？无非两个办法：消灭问题→直接换人；解决问题→让下属听话。消灭问题的方法很简单，找到替代的人就可以了。

如何在不开除人的情况下解决问题呢？这个时候就可以用上信服/利益矩阵了。

第8章 成长之路：从专员到总监你必须具备的管理技能

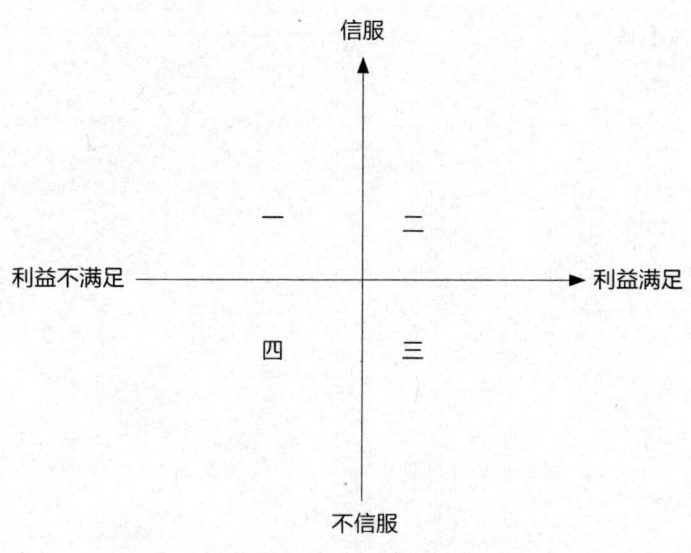

图8-3 信服/利益矩阵图

第一象限：下属很信服，即使利益未满足。这是很理想的一种情况，下属对你的信服几乎已经到了言听计从的地步。这是理想状态，不可多得。

第二象限：下属信服，同时利益要得到满足。大部分情况下，都处在第二象限。当你的个人能力还达不到让下属足够信服的时候，你还需要通过了解下属的利益诉求，并且设法满足，这样才能让不听话的下属变得配合。

第三象限：下属不信服你，但利益诉求可得到满足。这样的情况多出现在空降兵身上，你还没来得及建立下属对你的信服。这种情况下，如果你有满足下属利益诉求的资源，就可以充分利用这种资源，诱导下属配合你的管理。比较传统的做法有涨工资、公开表扬、让下属在重要场合露脸等。

第四象限：下属不信服你，同时你也没有满足下属利益诉求的资源。不妨你就选择好好鼓励员工。

当然除了第一象限的对策外，其他三个象限的对策都有一定的副作用，因此一定要针对合适的下属，区分适用的场景。

比如，委曲求全地满足其利益诉求的下属一定是你有所依赖，可以在某个领域做到你所做不到的事情；施压的做法一定是针对个别团队成员所不认可的行为，否则容易引发集体不满。

借助SOP管理摆脱繁杂日常事务

经常有人向我抱怨，行政人员做的事太多、太杂了，永远也忙不完。越忙越没有时间去思考提升，没有提升则仍然无法应付现有的事务，形成了一个恶性循环。久而久之，我们就会对行政工作的价值和前途产生怀疑。我相信这是很多行政从业者的一个真实体会。

那么，应该如何破局，让自己走出这个怪圈呢？要想把自己从这些繁杂事务中解脱出来，把时间投入在思考和去做更高价值的事情上，大家不妨试一下以下几个方法。

一、借助SOP管理实现行政工作标准化和流程化

所谓SOP，即Standard Operation Procedre三个单词中首字母的大写，即标准作业程序，就是将某一事件的标准操作步骤和要求以统一的格式描述出来，用来指导和规范日常的工作。SOP的精髓，就是将细节进行标准化和流程化。

借助SOP，一方面，可以让新员工或者岗位调整后面对新岗位的员工快速地熟悉所要面对的工作内容并上手，有利于工作承接；另一方面，可以让骨干员工从基础事务和繁杂事务中抽身出来应对更为复杂的项目或工作。

印刷名片、访客预约、会议室预订、办公耗材领用……看似毫无关系的工作都可以利用SOP思路进行梳理。再延展一下，每个人工作职责对应的工作，都可以整合起来做成SOP手册，这样整个部门的工作标准和流程就都建立起来了。

整个环节尽可能通过信息化系统实现，这样能最大限度地把我们从事务中解脱出来。

二、做游戏规则的制定者

行政工作做得累,很大程度上是没有学会利用规则去界定边界和管控预期,导致我们需要无休止地去满足大家提出的合理或不合理的需求,从而疲于奔命。

现在部分企业采用的管理方式,如SLA,合理确定行政工作的范畴和边界,管控员工的预期;引入内部结算模式,行政提供运营所需的基础产品和服务,如业务部门有个性化的需求(如要求更大的办公场地等)需要额外支付相应的费用,从其部门预算中列支。由于涉及费用,业务部门提出需求时也会考虑一下,不会太随意了。这样做就可以控制很多不合理的需求。

此外,还可以设计管理模式和规则,让员工和服务供应商(尤其是餐饮等)直接对接和沟通。行政人员不用直接面对大量员工的意见,而是作为监督者和协调者抽身出来。

用简单清单应付复杂的管理

无论是公司年会筹办还是办公装修,无论是复杂项目还是简单工作,最终都会落实到工作执行清单中。工作清单是工作规划和落实执行时最有力的武器。

工作清单的形式可以多样化,如基于Excel表格制作的清单、利用专业软件或是线上制作的甘特图等,选择适合自己的就好。

那么,如何才能搞定一份好的工作清单呢?如何使用清单去推进工作呢?我们可以从如下几个方面去开展。

一、确保逻辑清晰

清单是为了顺利完成某个项目或某项工作,而对其进行分解、细化到可执行层面的具体工作事项。列清单需要逻辑清晰、结构完整,不然推进起来也会很乱,没有章法。

以组织一个线下行政沙龙活动为例,活动的一级清单可包括活动策划、活动宣传与邀请、现场组织、总结复盘等。

而活动策划的二级清单可包括主题确定、时间确定、场地沟通、嘉宾邀请等;活动宣传与邀请的二级清单可包括活动推文或H5制作、公众号、朋友圈及社群宣传、定向邀约等;现场组织的二级清单可包括活动现场布置、电脑及PPT调试、签到表准备、茶歇准备等;总结复盘的二级清单可包括复盘分析、清单更新等。

二、确保要素完整

确定几级活动清单后,我们还需要进一步补充其他要素,这样才能确保清单具有可执行性。

补充的其他要素，比如，责任部门和责任人、配合人员、联系方式、具体工作事项、计划完成时间、最新工作进度、存在的困难/问题、进度评估等。具体可以根据项目、工作需要进行相应调整。

三、利用清单实现进度控制

清单完成后，我们对项目所涉及的工作就心中有数了。接下来就是依据清单，大家按照确定的职责分工落实相应工作，同时及时更新、互通工作进展，以便于项目负责人能及时了解进度。

项目负责人可以通过筛选，重点关注进度滞后和存在困难的事项，及时沟通协调解决，确保进度回归正轨。

在执行时，还可和滴答清单结合，将清单事项梳理到滴答清单中，可以设置时间提醒（定点提醒、提前提醒、周期提醒等），通过文件夹或是标签管理区分不同责任人员。

四、复盘总结，不断完善

项目结束后，还需要对照清单进行复盘总结，好的地方继续强化，不足的地方继续完善，经过几轮完善之后，清单基本可以作为模板使用了。

在此基础上，还可以进一步提炼和整合，梳理出通用工作清单，以后类似工作开展时只需在此基础上做个性化调整即可，这样不仅能大大提高工作效率，也有利于新人快速熟悉工作和成长。

复盘学习帮忙更快提升

复盘本是围棋术语，指对局完毕后，复演该盘棋的记录，以检查招法的优劣与得失的关键。复盘最大的优势是简单、便捷、结构化、易于操作，利于个人和组织的成长。

复盘在我的团队里已经成为日常工作管理标准动作了。针对一些项目，将最近发生的事件做及时的复盘，让大家对自己在过程中的方法及行为背后的思维模式进行深入反思，并通过共同讨论来找出优化点，对于提升团队能力和加强团队的协作能力，都可以起到一定的帮助作用。

那么，这么好用的工具，应该如何使用呢？大家可以看看邱昭良的《复盘+：把经验转化为能力》，其中对具体的方法写得特别清楚易懂。

首先，复盘的逻辑和步骤。复盘可以分为以下四个步骤。

第一步：回顾、评估

这一步不仅要梳理事件的过程与结果，还要回顾预期的目标、策略打法与计划。然后，将实际结果与预期目标进行对比、评估，找出一些有学习价值的差异。

针对自我的复盘，往往采用思维导图的方式，将事情或者项目的几个关键信息及关联信息摘要画一下，从中理清一个思路。

针对团队内部人员或者项目的复盘，一般会以请项目小组的成员，说出项目过程中10个亮点和10个不足点的方式进行（不同的人之间不能重复超过3处），一定要先说亮点再说不足点，这样他们的注意力会集中在不足点上，这更加有利于后续对问题的展开。如果后说亮点，那么人就容易说服自我，觉得自己这次做得不错。

如果是团队间的复盘，那当然是先说不足，再说亮点，个人经验是要突出协助部门的贡献。

第二步：分析、反思

通过对比，发现差异之后，搞清楚为什么会有这些差异，找到关键因素，才能形成经验或教训。

分析和反思是两回事。分析是了解得失，反思是找到原因。分析可以采用思维导图的方法进行，动笔写下来。比如，这个结果是什么原因导致的，其距离最终的目标差距在哪里。反思是利用假设法，假设当时我用其他办法，最终的结果与目前对比会有什么不同，会有什么利弊。

这里需要注意的是，不要沉迷在对过往得失的分析中，事情已经过去，我们是需要吸取教训，面对将来。

第三步：萃取、提炼

找到根本原因之后，就要思考一下，从中能学到什么。

这一步很关键，导致一个项目的结果和预期出现偏差的原因很多。通过上面两步，让你将最核心的三个原因找出来，并从第二步中将对其的分析及反思找出来，整理成文后进行内部分享。

第四步：转化、应用

这一步主要是用总结出来的经验和教训来指导后面的行动。

这里就要提到一个项目文档管理的经验了。我会要求项目组成员将项目文件按统一格式归档，并将文件夹内的文件在Excel内一一列明；项目和得失需要单独列个文件总结。

介绍完具体的步骤之后，下面就是需要注意的环节。

第一，不要对别人的事情进行复盘。通过对他人的事情进行复盘，那叫"案例研究"。虽然，我们也能从案例研究中学习，但由于我们不是亲历者，所以不管案例写得多详细，都很难还原事实，也没办法复现当时的情景，从而不能让人完整地进行复盘。所以，案例研究和复盘属于不同的学习类型。

第二，我认为"项目后评估"或者小组讨论也是一种复盘。"项目后评估"或者小组讨论，指的是做完一个项目之后，大家坐下来，针对这个项目进行讨论、评估或者反思。

第三，复盘不是一种分析和解决问题的工具。复盘中有分析和解决问题的过程，但更重要的是从分析和解决问题的过程中获得经验，并将经验转换为能力。

如果在实际工作中，你的目的就是解决问题、推进工作，就可以不做复盘，直接采用现有的问题分析与解决的方法。如果你希望能从问题中学到东西，并提升能力的话，那通过复盘进行深入系统的分析，就是一个很好的手段。

巧用GROW教练法提升下属战斗力

"主将无能,累死三军",相信这句话大家都听说过。说的就是如果管理者本身没有才干,不懂管理和带团队,会让整个团队做很多无用功,辛苦一场最终还无法达成工作目标。

还有一种情况则是主将太"能干",累死自己。看到交给下属的工作迟迟没有进展或达不到预期,就不断纠错、亲自示范和手把手地教,恨不得自己把所有的活都干了。久而久之,下属就形成了依赖意识,只会等待上级的指令去做事,到头来辛苦的还是自己。

那么,有什么办法可以提升下属的战斗力,让自己不那么累呢?建议可以尝试下GROW教练法。

GROW教练法是约翰·惠特默建立的基本模型,也是最广泛应用、最容易掌握的一种教练方法。GROW是四个单词的首字母,G：Goal(目标),期望的目标是什么；R：Reality(现状),现状如何；O：Option(选择),有何备选方案；W：Will(意愿),阐明行动计划、衡量标准等。

GROW是一个提问工具,其精髓是利用提问去帮对方梳理思路,引导对方主动承担责任,促使对方积极地做出改变,从而让对方最终有所提升,而不是一味地去纠错、示范、直接教下属应该如何行动。

举例来说,有个下属有段时间情绪很低落,于是我找时间和他聊了聊。以下是主要谈话的内容。

我：小A,我看你最近情绪不佳,是碰到什么难题了吗,有什么可以帮到你的吗?

同事A：我最近提了几份公文，老是被领导退回，我担心领导是不是对我有什么意见。

我：你和领导平时相处得如何？最近有什么冲突的事情吗？

同事A：我平时与人为善，工作也很积极主动，最近也没什么特殊的事情发生。

我：是的，我看你和大家，包括领导的人际关系都处理得挺好的，我猜测大概还是工作的事情。

同事A：是的，所以我想尽快修改好公文，和领导再汇报下。

我：之前有和领导沟通过公文的事情吗？

同事A：领导之前找过我，提了一些修改意见，还让我多看看小B的公文。

我：那你看过小B的公文吗？有什么感受，和你的有什么区别？

同事A：我的内容很多、很详细，不过看起来好像没有小B的清晰明了。

我：为什么小B的公文看起来让人容易接受？

同事A：主要是分段表述，有结构吧，而且观点也很明确，逻辑性强。

我：是的，看来你也是下了一番功夫。那你打算怎么去改变吗？

同事A：我计划去找小B请教下如何修改公文。

我：还有什么办法吗？

同事A：可能我的思路或想法也需要改变，听说现在有关于结构思考力以及公文写作这方面的培训，我准备找时间去专门学习下。

我：很好，看来你思考得很深入。接下来你具体计划怎么去做呢？

同事A：我准备先找几篇小B的公文认真研究下，然后找小B当面请教下修改意见，等接下来有空的时候去报班专业学习。

我：挺好的，今天咱们的沟通很有成效，希望能帮到你。

不到十分钟的时间，通过不断的提问，同事A认识到自己存在的问题，而且也找到了解决问题的思路和方案。最关键的是这都是他自己说出来的，而不是我强加给他的。

试想一下，如果一上来就要求他要怎么注意架构、注意逻辑、什么结论限行等，估计根据人的逆反心理，就算对方会接受也可能是敷衍的，修改完可能离预期还是会有较远差距。

最后总结一下，永远不要直接给下属提供解决方案，而要引导他们自己说出来，那样他们才会信任你。

借助"福格行为模型"实现高效团队管理

福格行为模型是以BJ Fogg(斯坦福说服力科技实验室主任)命名的,用来表明一个行为得以发生,行为者首先需要有进行此行为的动机和操作此行为的能力,接着,如果他们有充足的动机和能力来施行既定行为,那么他们就会被诱导/触发某种行为。用等式表示可以简化为B(行为)=M(动机)×A(能力)×T(触发)。

也就是说,只有当一个人有足够的动机,并且有能力去做到,而且有触发器来提醒的时候,一个行为才最终可能发生。具体到团队管理,我们需要做的是:激励员工的工作积极性,提升员工的工作能力,并且时刻提醒他应该做什么事情。

一、激励员工的工作积极性

我们要帮助员工找到工作的意义,让他觉得我做这份工作、从事这个岗位是有价值、有前途的。

总体来讲,对于行政团队,我们会强调行政工作的几大价值,即对于企业不可或缺、对企业利润的贡献以及对企业品牌等的帮助。这部分的内容在前面的章节已有专门的阐述,这里不做赘述。

结合团队每个员工的具体情况单独沟通,找到最适宜调动员工工作积极性的地方,如对新员工会强调学习锻炼机会,对有技术背景的员工会强调智慧行政的前景,对部分员工会强调绩效或晋升的影响等。

二、提升员工的工作能力

关于这一点,可能短时间会很吃力,但长远来看还是值得投入的。

个人英雄主义已经一去不复返了,要想成功必须依靠团队的力量。此时团队成员的工作能力提升就至关重要了。

一方面,要不断地培养、提升团队成员的通用能力和软技能,如结构化思维能力、问题解决能力、沟通协调能力等,让员工的能力变得更强,争取每个人都能够独当一面,自己才能有更多的时间去做更高端、更有价值的事情。

另一方面,要结合团队成员的优势和特征,充分发挥资源配置的优势,让每个人都能最大限度地发挥自己的特长。比如,入职1~3年的员工学习意愿强,愿意投入,对新事物的接受程度较好,可重点参与项目型工作;而老员工可充分发挥工作经验和沟通优势,在现场检查和沟通协调类工作中发挥更大的价值。

三、时刻提醒员工应该做什么事情

经常有这种情况,上级交办给下属某些工作,并期望能尽快收到解决方案,可下属总是不急不慢,丝毫没有意识到上级的期望。这很大程度上就是信息不对称造成的,由于管理者和员工所处的环境、得到的信息以及能力的区别,会让大家的理解产生偏差。所以,需要不断地强调那些你觉得理所当然的工作重点,才能确保资源被合理利用。

因此,在项目或工作交代给员工后,我们需要通过例会、项目沟通会等多种方式,不定期和员工沟通我们的工作方向和目标,一旦发现偏差可以及时修正,避免造成不良的后果。

多次反复对工作方向和目标进行沟通确认,会让员工能直接了解到管理者的关注点。

总的来说,福格行为模型对管理者来说,有莫大的价值。善加利用,对管理团队,驱动团队达成目标会有很大帮助。

学会向上管理，成为领导信任的帮手

说到预期管理，有些人可能会觉得听起来好高端，有些人则不以为然。但我认为，"预期管理"不难，但这个技能是对职业发展有决定性作用的，值得学习和应用。

之前参加一个线下交流活动时，有行政管理者提出了"新入职一家公司时，你要如何管理老板预期，避免陷入迎合式误区"的问题。听了现场很多大咖的分析及建议，我也深有感触。下面从三个维度来谈谈新人应该如何一步步管理领导的预期。

一、建立信任——后续操作的基础

建立信任，是一切合作和事务推动的基础。很多行政人觉得，自己以专业打动领导，自己越专业，领导越信任。这句话说得也没错，但前提是，一个新入职的新人，要如何说服领导支持你的决定呢？

你要清楚老板聘用你的需求和希望达到的效益，这个关系到后续你如何开展工作。面试的时候，领导很可能跟你说的是愿景和想法，所以你也无法在短短的面试时间内了解到老板对你的真实需求及期望值。

1. 入职第一天至入职两周内

（1）建立互信及需求资源的最佳窗口期。建议和领导好好聊一下，领导对你的期望及后续能给你带来的支持。这个时候，千万不要客气，有什么困难及顾忌一定要说，千万不能过了这个最佳窗口期再去寻求领导支持，否则容易影响彼此之间的信任。

（2）新人尤其是基层干部，除了努力做好本职工作外，利用一切的机会拓展公司内的人脉非常重要。可以用了解需求、听取建议等方式，与领导进行良好的互动。

2. 入职两周以上

（1）每天坚持和上级领导至少说三句话或汇报一次工作的进度。沟通是建立信任的有效手段。通过沟通，你能让领导知道你所思所想，能让领导知道你的做事风格，做任何事情都尽量避免出现脱离领导掌控的情况。

（2）有机会显示专业能力的时候一定不要犹豫。注意一定要把事情的优劣和难点强调清楚，避免老板对结果期望过高，这也是争取资源的最佳时机。

（3）善于将听到的消息整合后汇报给领导。

（4）在没有摸清楚公司情况前，跨部门沟通协调时一定要知会领导，并听取意见及建议。

（5）将公司的相关规章制度、流程表单摸熟，养成定时提交申请、表单等习惯。行政初步的价值体现在高效地解决问题、处理事务上。一方面，你要体现你在各个场合、各个阶段的存在感；另一方面，各种定时提交和优化的表单或数据，也是让领导看到你专业度的好机会。

（6）任何时候，都不要粉饰太平。

二、让信息或者过程透明化、可视化——让领导安心

其核心就是让领导有控制感。那么，应该如何操作呢？

1. 过程管理

团队配合初期，你不清楚领导的工作习惯，领导也不清楚你的习惯时，多沟通、多汇报具体事务进度、项目进展尤为重要。即使熟悉了，对于重要的工作，领导也是希望能够定期得到消息，这样他才会安心。

2. 结果管理

如果你发现一件事情有任何问题，如框架、细节等，一定要及时和领导沟通。往往我们都认为领导经验丰富，看到的数据也多，他一定能发现问题，不需要我们去提醒。但实际上领导获得的都是加工过的信息。他们做决策的时候，比我们还战战兢兢。所以，如果你有任何觉得不妥当的地方，务必要第一时间反馈，不怕麻烦

地提前多沟通,整理历史数据,对标其他公司做法,或者找寻一些间接证据,如将其他部门的反馈等分享给领导,不要担心没有论据就没有说服力。因为你不是要说服领导,而是在尽可能多地传达你知道的信息,帮助领导做出一个更合理的决策。

3. 风险管理

做行政需要经常沟通事情,与人沟通最大的风险就是无法让对方接受你的观点,即使对方接受了你的观点,也未必会按照你的想法去做。作为一个新人跨部门协作时搞不定很正常,这时候就和领导说,如果这个问题不说,你又解决不掉,最终影响了结果,最后领导还是会问你为什么当时不提前说。而你提前把问题和风险说了出来,寻求领导的帮助,这就变成了所有人共同的责任。这时相关的人员就要一起讨论决定问题的重要性,以及如何处理更加合适了。

三、精细化的服务质量管控——让领导放心

其核心就是练好内功,做好规范化管理及服务分级的工作,给领导建立你在现场工作中有条不紊的心理预期。

员工的需求分三种,基本需求、期望需求和惊喜需求。

基本需求,是员工认为行政部门理所应当提供的服务,满足程度低则员工会很不满意,如清洁、安保、卫生间等服务。其中有个关键的点,基本需求的满足程度如果超过了一定水平,再继续提高员工满意度也不会有大的提升。比如,你安保做到了70分,员工满意度能达到80分,但你花了大力气将安保提升到了80分,员工满意度很可能还在80分徘徊。

惊喜需求,恰恰相反,满足程度低或不满足,也不会不满意,满足程度高则会非常满意,如员工特卖、免费福利之类的活动。

期望需求则介于基本需求和惊喜需求之间,需求满足程度与满意度关联性不大。但如果需求满足了,那满足程度与满意度呈现指数级的正相关。餐厅服务就是一个标准的期望需求,有或没有对员工的满意度有一定影响,但做得好与不好,对满意度影响非常大。

那么如何管理针对需求的预期呢?可以采取以下几个策略。

1. 采用分级服务标准

（1）分别针对基本需求、期望需求和惊喜需求，推出相对应的基础服务标准、期望服务标准和惊喜服务标准，以满足员工不同层面的需求。

（2）对于员工期望较高的基本需求及期望需求，提高对应服务的资源配置优先级，同时控制惊喜需求的服务成本，采取非周期性、非常规性提供原则，防止员工产生过高的心理预期。

2. 采用分级服务承诺的办法

（1）基本需求层次上的服务。统一提供标准并给出明确承诺、服务范围及服务流程，并通过OA、内部沟通工具等宣传手段让员工了解相关信息，以便让员工期望趋向合理化。比如，关于差旅服务，我们就可以公布相关订票、退改签流程、指引及行政部能提供的帮助，并大力宣传，这样就能有效避免产生"行政不人性化""行政不作为"之类的投诉了。

（2）针对期望需求类型的服务。对服务质量适当承诺，比如餐厅管理时，我们可以公布后厨的清洁、做菜等实时录像，但大家对如何烧菜是不关心的，就可以不公布。我们可以公布大家对菜色的调查结果，但不用公布大家对餐厅的冷嘲热讽。

（3）对于惊喜需求类型的服务。其服务承诺水平应最低，或不予承诺，尽量防止员工产生过高预期，从而影响满意度。比如，关于员工内部购买问题，你可以针对特殊人群提供售卖清单、提前入场等服务，但不用让全员知道。一旦大家都知道里面有好东西，如果要没买到的话，心理落差会非常大，从而影响满意度。

通过以上种种措施，将自己从日常事务的救火队员的角色中拯救出来。这让你一方面有余力去做一些能帮助你进步的项目，另一方面让领导觉得你这个人做事情很让人放心。我建议在流程化和规范化后，还能让需求部门的预期明确，即行政工作能做到什么地步，进度怎么样。

统筹规划，是行政管理者的必修课

对于任何管理岗位，统筹规划都是必修课。统筹规划是一个概念，其本质是统筹，而非规划，并非先有了规划再去统筹。当然，在实际工作中为了更有效地统筹，往往会先有一个规划。基于这个规划立项，我们才开始真正地统筹规划。所谓统筹，就是通盘筹划和规划全局，也是洞察事物、工作谋划、整合协调、创造性思维等能力的综合运用。

我们应该如何提高自己的统筹规划能力呢？提高自己统筹规划能力的措施特别多，那核心是什么呢？我建议大家可以从以下几个方面来提高。

1. 时间管理能力

对管理者而言，时间管理能力更多的是一种安排工作进程的数学方法。我们应该怎样应用呢？主要是把工序安排好。

比如，要想泡茶喝，需要烧开水、洗杯子和取茶壶。现在，水已经备好了，茶叶也拿好了，如何合理安排工序呢？标准答案是先洗水壶，然后烧水，在等水开的时候，去洗茶壶和茶杯，接着拿茶叶，等水开了，泡茶喝。这个例子虽然简单，但道理却不浅。

在行政人员日常的工作中，你总要面对各类错综复杂的工序。比如，一个年会项目如果颗粒度细一些，分成成百上千的任务都有可能。任务多了，之间的关系就会变得错综复杂，往往容易出现"万事俱备，有事没做"的情况。这会影响年会的整体进度或效果。我曾经还碰到过现场HDMI线突然出现问题，整个年会中断的突发状况。

那么，我们以时间作为主线来进行统筹的时候，有什么好办法呢？我推荐使用一种应用网络图进行计算的时间统筹法。具体的操作步骤如下。

（1）任务分解。将复杂任务按工作为基准，分解成最小单位的"作业"（一个工作从开始到结束的过程）与"事项"（两个关联工作的交叉点）。

（2）"作业"与"事项"连线。作业用箭线，事项用圆圈，然后连接起来，进而形成这个任务的网络流程图。

（3）寻找完成任务的最长路径。通过网络流程图找到这个最长路径，然后寻找这个最长路径上可以缩短的时间。

对行政任务的统筹管理而言，可以通过数学方法来找出已有工作模式的优化点，并通过优化时间配置的方式来提升工作效能。学好、用好时间统筹法，不要去做看似忙忙碌碌、勤勤恳恳，但收效甚微的人。

2. 大局观

经常有人问我：当接手一个新项目时，如何制订一份可执行的项目统筹规划？如果你是执行层，那很多统筹的事情的确可以让项目主导人或公司管理层去考虑。但如果你是管理人员，那就要学会思考制订这样的目标的原因。

行政管理者要想进阶发展，大局观必不可少，学习并深思如何制订一份可执行的项目运营统筹规划十分重要。那么，应该如何去做有大局观的运营统筹规划呢？通常，我们可以分成三步来操作。

（1）全局规划。站在用户的角度，使用用户路径和转换漏斗的方式，将项目涉及的流程串联起来，用虚拟操作来为全局规划划定路径，找出难点、风险点、优化点等。

（2）维度分析。将发现的难点、风险点、优化点、执行点等罗列出来，与一线面对用户的人或者执行者进行商讨。

（3）粒度执行。根据维度分析提出问题和解决方案，制订可落实的具体方案。这特别考验团队的执行力。如果执行力不足，就容易出现频繁调整计划和目标来适应执行力，管理者还乐此不疲的情况。

全局规划、维度分析及粒度执行，这三步是一个闭环，每一个环节出现了偏差都会影响后续环节。缺乏全局思维，维度分析就容易出问题。维度分析不到位，粒度执行就容易陷入迷雾，粒度执行不行，那之前讨论的就没意义。所以要有全局观的统筹规划，第一点就是要了解自己及团队的能力极限。

3. 刻意练习

统筹规划，说到底是为了实现资源配置最优解，然后在优化资源的前提下，获得最佳效益。

（1）结构化思维。统筹规划一般会涉及计划、方案的构思和分解、人际关系的协调等，这就需要很强的结构化思维的能力。

（2）复盘能力。碰到问题，失败不可怕，可怕的是不吸取教训。对于行政管理者而言，复盘就是一个很有效的行为了。

（3）提高应对统筹规划能力。可以尝试给自己设置虚拟情境，在脑海中把虚拟的任务当作工作实际去思考、去操作并记下来做复盘，这样很快就能提高你的统筹规划能力。

优秀的行政管理者无不是情绪掌控高手

情绪掌控往往具有两个维度，一是掌控自己的情绪，二是掌控他人的情绪。

任何情绪的产生都是人的一种自然的生理或心理行为，因各种内因或外因而产生。

对于情绪而言，产生的原因很复杂。下面结合具体场景，我们讨论一下如何管理和疏导情绪。

场景1：你自觉辛辛苦苦地完成了一件事情，却被领导数落了一顿，并将你的方案贬得一文不值。

你可能的反应：委屈、愤怒、自我否定、负面情绪迁移、抱怨情绪、找人宣泄等。

导致这种情况的原因如下。

* 先判断，这件事情是否为独立事件。如果不是独立事件，就需要和其他事情一并考虑。是否存在长期的误解或者沟通不良的情况，或者是否是人员调整的前兆？

* 如果是独立事件，那我们就要考虑是否存在以下几种可能性。

（1）大概率事件

问题描述：你和领导的沟通出现了问题。你没能充分了解领导的要求，也没有在过程中做到及时沟通，从而让成果发生了偏移，出现了问题。

解决建议：在收到领导交代你的事情时，一定要有技巧地与领导做二次确认。确认这件事情的背景、目的、关键需求以及其他相关事项，与领导在大方向和主要细节上达成一致后再操作。然后在推进过程中，要不断地通过汇报进度的方式复核,这样就能够减少由于沟通不充分导致的问题,从而降低被批评的概率,减少情绪失控的情况。

(2)中等概率事件

问题描述:你的反馈不够充分。很多时候,下级在向上级汇报成果的时候,往往只提供结果,但对思路和遇到的具体问题不会多说,担心影响领导对你的印象。但其实只要领导有空,除了听取成果外,他也很想听听你处理问题时的思路,这样更有利于优化后续的方案。很多时候,你辛辛苦苦做的方案交上去后被领导批评,很有可能是因为你只是提供了结果,但领导没有理解你的思路。因此领导在不明具体情况下,对你进行了批评。

解决建议:正如问题所述,你在反馈成果时,也要将成果涉及的关键外因和背景同步简报一下,以便让领导对你的成果有个更全面的了解。结果导向虽然重要,但有时过程的同步也非常重要。

(3)小概率事件

问题描述:你太敏感了。

解决建议:在遇到让自己情绪变差的问题时,不妨缓一缓。毕竟没有任何事情会导致你被突然处理(就算有,那也一定有前兆),之后再通过私下沟通等方式搞清楚领导批评你的原因。这个时候,我们往往会发现很多批评你的原因其实和你的工作不一定有直接关系。

场景2:你和一位同事沟通事情,无论你说什么,这位同事都只贯彻一个宗旨,那就是辩驳。这让你心情郁闷,事情也没办成。

你可能的反应:委屈、愤怒、转身就走、向其他同事诉苦等。

导致这种情况发生的原因如下。

* 先判断,是独立事件,还是关联性事件。如果是关联性事件,那你就可以果断停止沟通,约时间再聊,然后去挖掘深层次或关联性的问题。

* 如果是独立性事件,那我们就可以考虑以下可能性。

(1)可能性1

问题描述:为了维护自我形象,尤其在对方或自己擅长的领域。可以设想一下,如果别人和你说你擅长的地方有问题,你会反驳吗?或者即使你能控制住反驳的欲望，但你的内心或表情会不会认为对方在贬低你？所谓的争论，在心理学上就是一种通过贬低或者战胜他人，让自己看上去厉害的行为。

解决建议：学会自黑，自黑是一种高情商的行为。自黑不是示弱，而是创造一种平等沟通的氛围，从而避免更加激烈的冲突。

（2）可能性2

问题描述：有的时候抬杠是为了获得利益。通过争论能获得更多的关注，通过更多的关注可获得更多的资源。大家注意一下公司内有些员工，是不是特别会做事，而且个性需求总是能设法站在道德的高度呢？

解决建议：明确争辩的目的。在工作中，对某些同事，我们容易习惯性地将对方设定在对立的立场，从而将沟通演变为抬杠。但我们都知道，沟通或争论的目的最终还是解决问题。所以，面对有些同事步步紧逼的个性化需求，我们要充分地"打和让"，打的基础是开始就划定界线，半步不让；让的目的是通过多个项目联动，让利益群体能和我们达成一个双方认同的界线，从而设法解决问题。

（3）可能性3

问题描述：纯粹宣泄。通过暴力言语、拒绝配合之类的手段，宣泄获得快感或成就感。之前一家公司的前台会碰到这样的情况。辛勤工作的同事压力太大，前台的工作但凡有点不如意的地方，有一些同事情绪一激动就和前台借机吵起来，然后投诉，获得一些满足感和成就感。当然，这样的宣泄对于宣泄方来说是情绪的迁移，对于被宣泄者则更多就是伤害了。

解决建议：控制音量。争吵时，习惯性增大音量是种很正常的现象，但这样做除了激化矛盾，并没有其他好处。建议让自己用最小的音量说话，当对方听不清楚你说什么的时候，自然而然就吵不起来了。

（4）可能性4

问题描述：因为双方认知存在差异，就好像"横看成岭侧成峰"一样。你和你沟通的人存在认知差异，最终的结果自然就是造成误会，导致争论。

解决建议：最简单的办法就是多问一句"你为什么这么说呢"，让对方能有理由和时间来阐释他的观点,从而增加了解。增加了解之后,自然就能更好地理解对方表现出来的观点和行为,这样也可以减少很多不必要的争执。

场景3:最近你手上的工作项目推进不顺利,你向领导寻求支持。领导却让你自己想办法,而你找不到合适的方法来解决问题。

你可能会有的反应:焦虑、急躁、不知所措等。

导致这种情况发生的原因如下。

* 先判断,这是独立事件,还是关联性事件。如果是关联性事件,那就要先找到为什么领导以前可以提供资源,但现在不提供资源的原因,并设法改善或解决。

* 如果是独立事件,那我们就可以考虑以下方式来摆脱。

(1)接受焦虑

措施描述:焦虑是所有人都会存在的情绪。在任何时候、任何地点、任何情境下都会发生,焦虑往往是对事物脱离自己掌控的失落感引发的。

解决建议:通过问自己"我为什么焦虑""我焦虑的是什么",将自己拉回到理性思维中来,从而接受焦虑。既然无法改变已经发生的事情,那我们就设法解决问题。

(2)情绪转移

措施描述:情绪转移是利用人的大脑只能在一段时间内处理一件事情的生理功能来转移情绪的聚焦点,用比较快的速度来先缓解或摆脱焦虑,为下一步打下基础。

解决建议:比如购物、散步、对着窗外发呆、练习冥想、运动几分钟、切换场景、投入到其他事情上去等,都是很好的办法。

(3)重新排列关注点

措施描述:你对一件事情越关注,就越容易焦虑。每次临近年会,都是行政管理者最容易焦虑的时期。就算你知道不会出现大问题,但也会莫名地焦虑,继而开始担心各种突发情况。往往在这个时候,你就需要重新排列你的关注点。

解决建议:首先不建议你同时处理多件事情,这样反而会影响你的效率。这里说的重新排列关注点指的是，定时梳理自己的工作重点，将你的关注点从让你焦虑的事情上转移开来，但并不是漠不关心，而是采用清单核查的方式，将你焦虑的事情量化、责任化，从而减轻你的焦虑。

后记：
行政职业发展的思考与探索

行政职业发展的思考与探索

机缘巧合之下,我开始了作为行政管理者的职业生涯。从一个行政小白经过多年的摸爬滚打,到现在也算是略有小成。回想起来,我也经历了不少酸甜苦楚。

行政工作的从业者最希望获得的是什么呢?一百位行政人会有一百种说法。对我而言,从2018年到现在,我想得更多的是交流。

2018年,我带领团队完成了一个两万平方米的办公室装修及搬迁项目。在将场地移交给内部的物业部门后,我突然有种强烈的空虚感,那是一种深深的无力感。对于行政这个岗位而言,我在一家公司已经做到了很难再进一步的职位。

团队稳定,领导信任,在外被称呼为大咖,看似社会资源广泛,但一直被深深的忧愁始终困扰着,我做得足够好了吗?别人家的公司是怎么做的?离开了现在的平台,我还能创造出价值吗?

2018年下半年,我开始密切地关注各类行政的交流群。在此期间,我加了大大小小几十个群,有时候会在里面发言,但更多的时候是长期潜水。

经常看到有行政朋友感叹,人力资源的考试、培训、圈子那么多,而行政却遍寻而不得。与行政相关专业的书籍也没几本、专业培训没几个……多想行政能和人力资源一样有系统的职业成长指引呀!

在2018年7月份,一个机缘巧合之下,我进入了行政联盟某地总监群,感觉像是打开了一个新世界的大门。在那里,我遇到了一群志同道合的行政朋友。

在那里,对你请教的事情,群内提供了各类解决方案。你需要的支持,群内会有大量的资源供给。对我而言,这才是一个真正的行政交流群应有的氛围。

后记：行政职业发展的思考与探索

也是在那里，我认识了本书的搭档，我俩一拍即合，期望能将这些年行政工作中的所得整理出来分享给大家。

受本人的经验和能力所限，本书的内容未必是行业领先，未必适合各个企业，但我还是决定走出这一步。一方面，我希望能借本书帮一些行政管理者少走一些弯路；另一方面，我也是抛砖引玉，希望有更多的行政大咖能够和大家进行交流和分享，促进整个行政圈的蓬勃发展。